OEUVRES COMPLÈTES

DE

SIR WALTER SCOTT.

Traduction Nouvelle.

PARIS,

CHARLES GOSSELIN et A. SAUTELET ET Cᵒ

LIBRAIRES-ÉDITEURS.

M DCCC XXVIII.

H. FOURNIER IMPRIMEUR.

ŒUVRES COMPLÈTES

DE

SIR WALTER SCOTT.

TOME CINQUANTE-HUITIÈME.

17 h

IMPRIMERIE DE H. FOURNIER,

RUE DE SEINE, N° 14.

LES EAUX

DE

SAINT-RONAN.

—

« Ce fut un lieu charmant, ou du moins on le dit ;
» Mais tout est bien changé, c'est un séjour maudit. »

WORDSWORTH.

TOME PREMIER.

———

(St-Ronan's Well.)

LES EAUX

DE

SAINT-RONAN.

(St-Ronan's Well.)

CHAPITRE PREMIER.

UNE HÔTESSE DE L'ANCIEN MONDE.

« Mais pour achever mon histoire :
» Sa bière est bonne, et chaque jour
« Nouveau chaland vient pour en boire. »

SKELTON.

Quoiqu'il n'y ait peut-être en Europe aucun pays où la richesse et la civilisation aient fait des progrès aussi rapides qu'en Écosse pendant le demi-siècle qui vient de s'écouler, les hiboux du sultan Mahmoud (1) au-

(1) Allusion à un apologue oriental où le visir de Mahmoud prétend connaître le langage des oiseaux, et traduit à son maître

I.

raient pourtant trouvé en Calédonie, à quelque époque
que ce soit de cette période florissante, leur apanage de
villages ruinés. Les habitans d'anciens hameaux, déter-
minés par des avantages fortuits ou locaux, à abandonner les situations que leurs prédécesseurs avaient
choisies, en consultant leur sécurité plutôt que leur
commodité, ont transféré leur habitation dans des lieux
où leur industrie et leur commerce toujours croissant
pouvaient s'étendre plus facilement. De là vient que des
villes citées avec distinction dans l'histoire d'Écosse, et
qui figurent dans l'excellente carte historique de David
Macpherson, ne peuvent plus être distinguées aujour-
d'hui des landes incultes, que par la verdure qui couvre
le site qu'elles occupaient, ou tout au plus par quelques
ruines éparses, semblables à des parcs de moutons,
derniers vestiges de leur ancienne existence.

Le petit village de Saint-Ronan, sans être encore
tombé dans cet état d'anéantissement, il y a environ
vingt années, en était menacé tous les jours. Il était
placé dans un site si romantique, que les *touristes* (1)
s'y arrêtaient tous pour saisir leurs pinceaux. Nous
nous efforcerons donc d'en faire la description en
termes qui ne pourront guère être moins intelligibles
que quelques-unes de leurs esquisses. Nous éviterons
pourtant, pour des raisons à nous connues, d'indiquer
ce village d'une manière trop précise, et nous nous
bornerons à dire qu'il est situé au sud du Forth, et qu'il
n'est guère qu'à une trentaine de milles des frontières
d'Angleterre.

la conversation de deux hiboux qui donnent en mariage à leurs
enfans les villages ruinés par les guerres du sultan. — ÉD.

(1) *A tourist*, voyageur artiste ou voyageur littéraire. — TR.

Une large rivière roule ses eaux dans une vallée
étroite, dont l'étendue varie depuis un quart de mille
en certains endroits jusqu'à deux milles en quelques
autres. Le sol, formé par des alluvions, étant fort riche,
alors, comme aujourd'hui, cultivé avec toute la science
de l'agriculture écossaise. On y a formé des enclos, et
le pays est passablement peuplé. Chaque côté de cette
vallée est bordé par une chaîne de hauteurs qui, surtout
sur la droite, méritent presque le nom de montagnes.
De petits ruisseaux qui y prennent leur source, et qui
vont porter à la rivière le tribut de leurs eaux, forment
autant de petites vallées offertes à l'industrie du cul-
tivateur. On trouve sur quelques-unes de grands et
beaux arbres jusqu'à présent échappés à la hache. Le
long des rives on voit de distance en distance des bou-
quets de bois taillis séparés par de longs intervalles qui,
dans la saison des froids, présentent une apparence
d'aridité, mais qui, pendant l'été, sont embellis de la
pourpre des bruyères et de l'or des genêts. Ce genre de
paysage est particulier aux pays qui, comme l'Écosse,
renferment un grand nombre de montagnes et de rivières, et où le voyageur découvre à chaque pas, avec
surprise, une beauté simple et agreste cachée dans quelque coin, qui lui plaît d'autant plus qu'elle semble lui
appartenir en vertu de la découverte qu'il en a faite.

A l'entrée même d'une retraite de ce genre, d'où la
vue domine la rivière, la vallée dans sa partie la plus
large, et la chaîne de collines qui la borne de l'autre
côté, s'élevait et s'élève encore aujourd'hui, à moins,
que la désertion n'ait achevé son ouvrage, l'ancien ha-
meau presque ruiné de Saint-Ronan. Sa situation était
singulièrement pittoresque, puisque la principale rue,

formée par des habitations séparées les unes des autres, suivait une colline escarpée, sur les flancs de laquelle les chaumières placées chacune sur une petite terrasse, comme dans les villages de la Suisse sur les Alpes, semblaient s'élever par échelons les unes sur les autres, pour arriver aux ruines d'un vieux château qui occupait encore le sommet de cette éminence, et dont la force avait sans doute engagé les habitans des environs à venir chercher une protection sous ses murs. Dans le fait, ce devait être une forteresse formidable ; car, du côté opposé au village, ces ruines semblaient s'élancer d'un gouffre effrayant, au fond duquel coulait le ruisseau de Saint-Ronan, qui arrosait la vallée. Du côté du sud, où la rampe était moins rapide, le terrain, jusqu'au sommet de la colline, avait été nivelé avec soin en terrasses successives qui étaient, ou, pour mieux dire, qui avaient été jointes l'une à l'autre par des marches de pierres grossièrement taillées. En temps de paix ces terrasses formaient les jardins du château ; et, quand il était assiégé, elles ajoutaient à sa sûreté, car chacune d'elles commandant celles qui la suivaient, on pouvait les défendre séparément et successivement ; toutes étaient aussi exposées au feu de la place. C'était une très-haute tour carrée, entourée, suivant l'usage, de bâtimens moins élevés et d'un mur à créneaux. Du côté du nord une grande montagne venait rejoindre l'éminence sur laquelle était construit le château, et cet endroit était défendu par trois tranchées larges et profondes à quelque distance l'une de l'autre. Une tranchée semblable complétait les fortifications à l'entrée principale du côté de l'est, la porte du château terminant la rue du village dont nous avons déjà parlé.

Dans les anciens jardins du château et tout à l'entour, à l'exception du côté de l'ouest, qui était bordé par un rocher taillé à pic, de grands et vieux arbres couvraient de leur sombre feuillage la montagne et les remparts antiques, augmentant ainsi l'effet imposant de l'édifice qu'on admirait au milieu des ruines.

Assis sur le seuil où — un orgueilleux portier se redressait jadis avec fierté(1), — le regard du voyageur planait sur le village dont les maisons pouvaient paraître à une imagination ardente avoir été arrêtées tout à coup en tombant du haut de la montagne, et fixées comme par magie dans l'arrangement bizarre qu'elles offraient aux yeux. C'était comme une pause soudaine dans la marche cadencée des pierres que la lyre d'Amphion appelait jadis pour fonder la ville de Thèbes. Mais la mélancolie que faisait naître dans l'esprit du spectateur la vue d'un village ruiné dissipait bientôt les chimères plus riantes de l'imagination.

Construites dans l'origine sur l'humble plan d'architecture domestique auquel on se conformait généralement en Écosse dans les villages, la plupart de ces chaumières avaient été abandonnées depuis long-temps, et leurs toits écroulés, leurs poutres enfumées, annonçaient à la fois l'extrême pauvreté et la triste solitude des ruines. Dans quelques-unes, les solives noircies par la suie subsistaient encore en tout ou en partie comme autant d'échafaudages. Quelques autres, en partie couvertes de chaume, semblaient encore habitées, quoiqu'à peine habitables, car le feu de tourbe qui servait à préparer l'humble nourriture des villageois produi-

(1) *Voyez* la vieille ballade du roi Estmere dans le recueil de Percy. — Éd.

sait une fumée qu'on voyait sortir non-seulement par
l'issue naturelle de la cheminée, mais par diverses cre-
vasses que le temps avait pratiquées dans la toiture.

Cependant la nature, qui change toujours, mais
dont la puissance créatrice se fait sentir dans tous ses
changemens, dédommageait, par la végétation, de la
décadence progressive des constructions de l'homme.
De petits arbustes, plantés autrefois dans les charmilles
des vergers, étaient devenus de grands arbres fores-
tiers; les arbres fruitiers avaient étendu leurs branches
bien au-delà des limites de leurs anciens enclos; les
haies s'étaient changées en buissons touffus et irrégu-
liers, et une immense quantité d'orties, de liserons et
de pariétaires, cachant les murs ruinés, faisait d'une
scène de désolation le tableau pittoresque de la lisière
d'une forêt.

Il existait pourtant encore à Saint-Ronan deux maisons en assez bon état, maisons essentielles, l'une aux
besoins spirituels des habitans, l'autre aux besoins
temporels des voyageurs. C'étaient la *manse* (1) du ministre et l'auberge du village. Tout ce que nous avons
à dire de la première, c'est qu'elle ne faisait pas exception à la règle générale que les propriétaires d'Écosse
semblent s'être obligés à suivre, en logeant leurs ministres dans les maisons les plus incommodes que l'art du
maçon puisse construire au plus bas prix. Elle avait le
nombre ordinaire de cheminées, c'est-à-dire deux,
qui, s'élevant à chaque bout, et comparées à deux
oreilles d'âne par un mauvais plaisant, remplissaient
aussi mal que de coutume les fonctions pour lesquelles

(1) C'est ainsi qu'on appelle les presbytères en Écosse. — Tr.

.elles avaient été construites. Le vent et la pluie trouvaient pour pénétrer dans l'intérieur toutes les ouver-
tures d'usage qui forment si souvent le texte des plaintes
qu'un ministre écossais adresse à ses confrères, membres du presbytère. Pour ajouter un dernier trait à ce
tableau, nous dirons que le ministre étant célibataire,
personne ne songeait à empêcher les pourceaux d'entrer dans la cour et dans les jardins; que les carreaux
de vitre cassés étaient remplacés par du papier gris, et que
le désordre et la malpropreté d'une petite ferme donnée
à bail à un paysan ruiné, déshonoraient la demeure
d'un homme qui, indépendamment de son caractère
sacré, était instruit et bien né, quoiqu'un peu original.

A côté de la manse s'élevait l'église de Saint-Ronan,
petit édifice fort antique, n'ayant d'autre pavé que la
terre battue, et remplie de misérables bancs, jadis de
chêne sculpté, mais raccommodés avec soin en bois
blanc. La forme extérieure de l'église était d'un dessin
élégant, car elle avait été bâtie pour le culte de Rome,
et nous ne pouvons refuser à l'architecture des catholi-
ques la *grace* qu'en bons protestans nous ne saurions
accorder à leur doctrine. Ce bâtiment portait à peine le
cintre de son faîte au-dessus des monumens funéraires
dont il était entouré, de telle sorte que les tertres des
tombeaux atteignaient presque les fenêtres saxonnes qui
l'éclairaient; on aurait pu le prendre lui-même pour un
caveau ou un mausolée d'une hauteur supérieure aux
autres, dont il n'était guère distingué que par sa petite
tour carrée et son ancien beffroi.

Mais, quand le bedeau à cheveux gris tournait d'une
main tremblante la clef de la porte de l'église dans la
serrure qui la fermait encore, l'antiquaire se trouvait

dans un ancien édifice, que, d'après le style de l'architecture et quelques anciens monumens des Mowbrays
de Saint-Ronan, sur lesquels les vieillards ne man-
quaient jamais d'attirer l'attention, on pouvait conjec-
turer avoir été bâti dès le treizième siècle.

Ces Mowbrays de Saint-Ronan semblent avoir été, à
une certaine époque, une famille très-puissante. Ils
étaient alliés et amis de la maison de Douglas, lorsque
le pouvoir excessif de cette race de héros fit trembler
les Stuarts sur le trône d'Écosse. Il s'ensuivit, comme
le dit notre ancien et naïf historien, que, — lorsque personne n'osait résister à un Douglas ni à un serviteur
des Douglas, parce qu'on savait qu'on n'en serait pas le
bon marchand,—la famille de Saint-Ronan partagea leur
prospérité. Mais, lorsque le vent changea sous le règne
de Jacques II, les Saint-Ronans furent dépouillés de la
plus grande partie de leurs biens, et des événemens
subséquens diminuèrent encore leur importance. Ils
formaient pourtant, vers le milieu du dix-septième siè-
siècle, une famille de haute considération. Sir Reginald
Mowbray, après la malheureuse bataille de Dunbar (1),
se signala par la défense de son château contre Crom-
well, qui, irrité de l'opposition qu'il avait inopinément
rencontrée dans un coin si obscur de la Grande-Bretagne, fit démanteler la forteresse, et employa la poudre
à canon pour en faire sauter les murailles.

Après cette catastrophe, on laissa tomber en ruines
les restes du vieux château ; mais, quand sir Reginald
revint après la révolution, il se bâtit une maison comme

(1) Voyez l'*Histoire d'Écosse,* par Walter Scott, (tome III
de cette collection.) — ÉD.

on les construisait dans ce siècle, et il fut assez sage
pour la proportionner à la fortune déchue de sa famille.
Elle était située à peu près au milieu du village, dont le
voisinage n'était pas alors regardé comme un inconvé-
nient, sur un terrain mieux nivelé que n'en offrait le
reste de la colline, où, comme nous l'avons déjà dit,
les maisons, perchées les unes au-dessus des autres,
semblaient comme encaissées dans le rocher sur une espèce de plate-forme. Mais celle du laird, précédée d'une
cour, avait sur le derrière deux jardins contigus sur
trois terrasses successives qui, parallèles au verger de
l'ancien château, descendaient presque jusque sur les
bords de la rivière.

La famille des Mowbrays continua à habiter ce nouvel
édifice jusqu'à une cinquantaine d'années avant l'époque
où commence notre histoire. La maison ayant été alors
considérablement endommagée par un incendie, et le
laird propriétaire en ayant recueilli, par succession,
une plus commode et plus agréable à environ trois milles
du village, il se détermina à abandonner l'habitation
de ses ancêtres. Comme il fit couper en même tempe un
petit bois qui depuis un temps immémorial servait de
retraite à de nombreux corbeaux, peut-être pour cou-
vrir les dépenses de son déménagement, cette circonstance fit passer en proverbe, parmi les villageois, que
la décadence de Saint-Ronan commença quand le laird
Lawrence et les corbeaux le désertèrent.

La maison délaissée ne fut cependant pas abandonnée aux hiboux et aux oiseaux des déserts. Au contraire,
pendant bien des années elle fut témoin de plus de plaisir et de gaieté qu'elle n'en avait vu pendant tout le
temps qu'elle avait été la sombre demeure d'un grave

2

baron écossais *du bon vieux temps* (1). En un mot, elle fut
changée en auberge et décorée d'une enseigne représentant d'un côté Saint-Ronan saisissant le pied fourchu
du diable avec sa crosse épiscopale, comme on peut en
lire l'histoire dans sa véridique légende, et de l'autre
les armes de Mowbray. C'était l'auberge la plus fréquentée de tous les environs, et l'on racontait mille
histoires des parties joyeuses qui avaient eu lieu dans
ses murs, et des bons tours qu'on y avait joués quand
on avait la tête échauffée par le bon vin. Mais cet heureux temps n'existait plus depuis bien des années.

> Ce fut un lieu charmant, ou du moins on le dit;
> Mais tout a bien changé, c'est un séjour maudit (2).

Le digne couple (serviteurs et protégés de la famille
Mowbray) qui s'était établi dans cette auberge, après
le départ du laird Lawrence, mourut en laissant à une
fille unique une fortune très-raisonnable. Son père
avait acquis peu à peu, non-seulement la propriété de
l'auberge, dont il n'était dans l'origine que locataire,
mais encore quelques excellentes prairies que les lairds
de Saint-Ronan avaient vendues pièce à pièce quand ils
avaient besoin de quelques fonds, soit pour donner
une dot à une fille, soit pour acheter une commission
dans l'armée à un fils cadet, soit enfin pour quelque
autre circonstance de même nature. Meg Dods, à la
mort de ses parens, était donc une héritière assez importante; et, en cette qualité, elle eut l'honneur de refuser les offres de trois gros fermiers, de deux lairds

---

(1) *Auld lang syne.*
(2) Wordsworth — ÉD.

propriétaires, et d'un riche maquignon, qui lui deman-
dèrent successivement sa main.

Plusieurs paris furent faits en faveur du maquignon,
mais les parieurs furent *pincés*. Déterminée à conserver
les rênes entre ses mains, Meg ne voulut pas prendre
un mari qui pourrait bientôt s'ériger en maître; et continuant à vivre dans le célibat, avec tout le despotisme
de la reine Élisabeth elle-même, elle garda la main
haute, non-seulement sur ses domestiques des deux
sexes, mais même sur l'étranger qui arrivait chez elle.
Si un voyageur s'avisait de s'opposer à la volonté sou-
veraine et au bon plaisir de Meg, s'il désirait un autre
logement que celui qu'elle lui destinait, d'autres mets
que ceux qu'elle lui préparait, elle le renvoyait aussitôt
avec cette réponse qui, à ce que nous dit Erasme, mettait fin à toutes plaintes dans les auberges allemandes
de son temps : — *Quære aliud hospitium* (1); ou, comme
le disait Meg : — Tournez-moi les talons, et allez-vous-
en dans une autre auberge. — Comme c'était se faire
exiler à une distance de seize milles de la demeure de
Meg, le malheureux contre qui cette sentence était pro-
noncée n'avait d'autre ressource que de chercher à
apaiser le courroux de son hôtesse, et de se soumettre
avec résignation à toutes ses volontés. Mais, pour rendre justice à Meg Dods, nous devons ajouter que,
quoique son gouvernement fût sévère et presque des-
potique, on ne pouvait l'accuser de tyrannie, puisqu'elle n'exerçait son autorité que pour le bien de ses
sujets.

Jamais il ne s'était trouvé dans les celliers du vieux

---

(1) Cherchez une autre hôtellerie. — Tr.

laird, même de son temps, des vins de qualité supérieure à ceux dont Meg les remplissait. La seule difficulté était d'obtenir d'elle qu'elle vous donnât celui
que vous désiriez avoir. On peut même ajouter qu'elle
devenait rétive quand elle pensait qu'une société avait
bu suffisamment, et en ce cas elle refusait avec opiniâ-
treté de garnir la table de nouvelles bouteilles. Quant à
ses talens en cuisine, elle s'en faisait honneur et gloire.
Elle veillait elle-même à l'apprêt de tous les mets, et il
en était quelques-uns auxquels elle ne permettait à
personne de mettre la main, comme, par exemple, le
poulet aux poireaux, et les tranches de veau en fri-
cassée, qui, dans leur genre, disputaient la palme
même aux côtelettes de veau de notre ancienne amie
Mrs. Hall de Ferrybridge.

Tout le linge de lit et de table dont on se servait chez
Meg était fait chez elle, d'excellente qualité, et tenu
dans le meilleur ordre. Malheur à la chambrière en qui
son œil de lynx découvrait quelque négligence sur l'article de la propreté! Nous pouvons même dire que, vu
la profession qu'elle exerçait, et le pays où elle était
née (1), nous n'avons jamais pu expliquer ses scrupules
excessifs à cet égard, si ce n'est en supposant qu'elle y
trouvait un prétexte aussi naturel que fréquent pour
gronder ses servantes, et c'était un exercice dans lequel
elle déployait tant d'éloquence et d'énergie, qu'il est
permis de croire qu'elle s'en acquittait avec un certain
plaisir.

Nous devons aussi faire mention de la modération de
Meg dans le prix de ses écots, ce qui, bien loin d'at-

_____

(1) Les Écossais ont la réputation d'être assez malpropres. — TR.

trister le cœur du voyageur qui se levait de table, le délivrait souvent d'une fâcheuse appréhension. Un shilling pour le déjeuner, trois shillings pour le dîner, y compris une pinte de vieux vin de Porto ; dix-huit pence pour un bon souper, tels étaient les prix courans de l'auberge de Saint-Ronan, même au commencement du dix-neuvième siècle, encore ne l'exigeait-elle jamais sans songer en soupirant que les prix de son digne père avaient toujours été moindres de plus de moitié ; mais la dureté des temps ne lui permettait pas de l'imiter à cet égard.

Malgré les qualités aussi rares que précieuses d'une semblable hôtesse, l'auberge de Saint-Ronan se ressentit de la décadence du village, ce qu'on peut attribuer à diverses circonstances. D'abord la grande route qui y passait avait été détournée, la raideur de la montée, comme le disaient les postillons, étant la mort des chevaux. On pensait pourtant que le refus bien décidé de Meg de leur donner à boire gratis, et de fermer les yeux sur l'échange qu'ils aimaient à faire d'une partie de l'avoine qu'ils devaient donner à leurs chevaux contre quelques verres de *porter* et de *whisky*, n'avait pas eu peu d'influence sur l'opinion de ces braves gens, et qu'avec le secours de la pioche il n'aurait pas été impossible de rendre le chemin plus praticable. Ce changement de route était une injure que Meg ne pardonnait pas facilement aux gentilshommes des environs, qu'elle se souvenait d'avoir vus, pour la plupart, quand ils n'étaient encore qu'enfans. — Ce n'est pas ainsi, disait-elle, que leurs pères en auraient agi à l'égard d'une femme sans appui.

Ensuite la décadence du village faisait par elle-même

2.

un assez grand tort à l'auberge; car il s'y trouvait autrefois un certain nombre de tenanciers feudataires et
quelques lairds, qui, sous le nom de *club des siroteurs*,
s'y réunissaient au moins deux ou trois fois par semaine, pour boire de la bière mélangée d'eau-de-vie ou
de whisky; et tous avaient disparu.

D'une autre part, le caractère et les manières de
l'hôtesse écartaient toutes les pratiques appartenant à
cette classe nombreuse qui ne regarde pas l'originalité
comme une excuse suffisante pour justifier une violation du décorum; et il en était de même de tous ceux
qui, probablement habitués à être assez mal servis chez
eux, aiment à se donner de grands airs dans une auberge, à voir qu'on leur fait des courbettes, et à s'entendre parler avec déférence et respect, quand ils en-
voient au diable les garçons, l'hôtesse et toute la maison.
Meg savait fort bien rendre la monnaie de leur pièce à
ceux qui se conduisaient ainsi chez elle, et ils se trouvaient fort heureux de s'échapper de son auberge sans
qu'elle leur eût tout-à-fait arraché les yeux, et sans
être plus assourdis que s'ils eussent entendu le bruit
de toute l'artillerie d'une bataille.

La nature avait formé l'honnête Meg pour de pareilles ripostes; et, comme son ame intrépide en faisait
ses délices, tout son extérieur y était à l'avenant,
comme dit Tony Lumpkin (1). Ses cheveux gris étaient
sujets à s'échapper en mèches de dessous sa coiffe,
quand elle éprouvait un agitation un peu forte. Ses

(1) Personnage comique de la pièce de Goldsmith, *She stoops*
to conquer: Elle s'abaisse pour vaincre, ou *les Méprises d'une*
nuit, pièce traduite dans les Chefs-d'œuvre des théâtres étrangers.

L.D.

longs doigts se terminaient par des ongles redcutables.
Enfin elle avait les yeux verts, les lèvres minces, le
corps robuste, la poitrine large quoique peu arrondie;
des poumous parfaits, et une voix qui aurait défié un
chœur de harangères. Elle avait coutume de dire d'elle-
même, quand elle était en gaieté, qu'elle aboyait plus
qu'elle ne mordait. Mais c'était bien assez d'un organe
sonore qui, dans l'occasion, retentissait, à ce qu'on
prétend, depuis l'église jusqu'au château de Saint-
Ronan.

Des qualités si remarquables n'avaient pourtant aucun charme pour les voyageurs, dans ces temps de
folie et de légéreté, et l'auberge de Meg devint de moins
en moins fréquentée. Mais ce qui porta le mal à l'extrême, ce fut que le hasard voulut qu'une dame vapo-
reuse du haut rang, qui demeurait dans les environs,
se persuadât qu'elle avait été guérie d'une maladie
imaginaire en buvant d'une eau minérale dont la source
était à un mille et demi du village. Un docteur complaisant fit l'analyse de cette eau bienfaisante, et publia
la relation de diverses cures qu'elle avait opérées. Un
spéculateur fit construire des maisons et même des
rues près de la source salutaire. Enfin on leva de l'argent par le moyen d'une tontine, et l'on fit bâtir une
auberge, à laquelle on donna le nom plus honorable
d'hôtel. Ce dernier incident acheva de rendre presque
déserte l'auberge de Meg Dods.

Elle avait pourtant encore ses amis et ses partisans,
et la plupart d'entre eux pensaient que comme Meg
n'avait ni mari ni enfans, et qu'elle jouissait d'une fortune très-honnète, elle ferait bien de renoncer aux
affaires, et d'abattre une enseigne qui n'attirait plus de

chalands. Mais l'esprit altier de notre hôtesse n'écoutait ni les conseils directs, ni les insinuations détournées.

— La porte de la maison de mon père, disait-elle, sera toujours ouverte aux voyageurs, jusqu'à ce que la fille de mon père en sorte les pieds en avant. Ce n'est pas pour le profit; il n'y en a guère, il n'y en a pas du tout, il y a même de la perte; mais je ne veux pas qu'on me corne aux oreilles: — Ah! ah! il leur faut un hôtel; il ne leur suffit pas d'avoir des honnêtes gens pour les servir. — Eh bien! qu'ils aillent à l'hôtel si bon leur semble, mais je leur ferai voir que leur hôtel ne culbutera pas l'auberge de la mère Dods. Oui, oui, ces oisons sauvages ont beau en avoir fait une *tontine*, et avoir enfilé toutes leurs vies au bout l'une de l'autre pour que celui qui aura la vie la plus dure finisse par jouir de tout, ce qui est une coupable présomption, je leur apprendrai que je ne suis pas faite pour leur céder, tant que j'aurai bon coffre et bon souffle.

Il fut heureux pour Meg, puisqu'elle avait formé cette noble résolution, que, quoique son auberge eût vu diminuer le nombre de ses pratiques, ses terres eussent augmenté de valeur, de manière à rétablir le niveau; dans la balance de ses livres de comptes, la compensation alla même au-delà, ce qui, joint à sa prudence et à son économie, la mit en état d'exécuter son courageux dessein.

Mais tout en continuant sa profession, elle n'oublia pas que les profits n'en étaient plus les mêmes. Elle fit murer la moitié de ses croisées pour diminuer d'autant ses impôts; réformant ses deux chevaux de poste (1),

(1) En Angleterre et en Écosse la plupart des aubergistes louent des chevaux de poste. — ÉD.

elle accorda une pension de retraite au vieux postillon bossu qui avait jadis le soin de les conduire, et qu'elle garda pourtant à son service, pour aider un garçon d'écurie encore plus âgé; elle vendit de plus une partie de son mobilier. Pour se consoler de toutes ces réformes, qui blessaient secrètement son amour-propre, elle chargea le célèbre Dick Tinto (1) de repeindre l'enseigne de son père, dont le temps avait tellement affaibli les couleurs, qu'on n'y distinguait presque plus rien. En conséquence, Dick dora la crosse de l'évêque, et donna au diable un aspect si horrible, qu'il devint la terreur des marmots de l'école du village, et une sorte de commentaire muet sur les homélies par lesquelles le ministre s'efforçait d'inculquer à ses paroissiens une sainte horreur contre l'ennemi du genre humain.

Sous la restauration de ce symbole de sa profession, Meg Dods, ou Meg *Dorts* (2), sobriquet qu'on lui donnait souvent à cause de son humeur criarde, comptait encore quelques fidèles pratiques. De ce nombre étaient les membres du club de Killnakelty-Hunt, jadis fameux à la course et à la chasse; mais aujourd'hui vénérables têtes grises qui, au lieu de poursuivre le renard au grand galop, sur un coursier plein de feu, mettait à l'amble un bidet paisible, pour aller faire un bon dîner chez Meg. — Ce sont des gens honnêtes et décens, disait-elle, qui aiment à rire et à chanter. Hé! pourquoi non? Leur écot monte juste à une pinte, mesure d'É-

(1) *Voyez* l'introduction de la troisième série des *Contes de mon Hôte* — Ḟ D.

(2) La criarde. — Tᴿ.

cosse (1), par tête, et personne ne peut dire qu'ils s'en
trouvent plus mal. Ce sont les écervelés d'aujourd'hui,
dont la tête a plus de peine à supporter une pauvre
chopine, que celle des braves gens d'autrefois n'en
avait à porter la grande mesure.

Il y avait aussi une compagnie d'anciens confrères
de l'*Hameçon*, qui venaient assez souvent d'Édimbourg
à Saint-Ronan pendant le cours du printemps et de
l'été. Meg les voyait toujours avec un œil de prédilection, et elle leur accordait chez elle une latitude qu'on
ne la voyait jamais donner à d'autres. — Ce sont, disait-elle, de vieux rusés qui savent de quel côté leur
pain est beurré. Vous n'en verrez jamais un seul aller
à la Source, comme on appelle cette vieille marre...
là-bas. Non, non; ils se lèvent de bon matin, prennent
leur *parritch* (2) avec leur petit verre d'eau-de-vie, vont
dans les montagnes, mangent sur l'herbe un morceau
de viande froide, reviennent le soir avec leur panier
plein de truites, les font apprêter pour leur souper,
boivent une pinte d'ale et un verre de punch, chantent
leurs canons, comme ils les appellent, jusqu'à dix
heures du soir, et vont se coucher en disant : — Dieu
vous bénisse : — Hé ! pourquoi non ?

Nous devons encore citer ici quelques bons vivans
qui venaient de la métropole à Saint-Ronan, attirés par
l'humeur bizarre de Meg, et encore plus par l'excellence de ses vins et le bon marché de ses écots. C'é-
taient des membres des clubs d'Helter-Skelter, de Wildfire et autres, formant une sorte de conspiration contre

(1) Beaucoup plus grande que celle d'Angleterre. — Éd.

(2) Ragoût écossais. Espèce de pouding de farine d'avoine — Tr.

les soucis et la sobriété. Ces étourdis occasionaient un bouleversement général dans l'auberge, et faisaient naître les bourrasques du caractère de l'hôtesse. Ils avaient alternativement recours à la flatterie et à la force ouverte pour obtenir un nouveau renfort de bouteilles quand la conscience de Meg l'avertissait qu'ils en avaient déjà eu plus que suffisamment. Quelquefois ils échouaient dans leur entreprise ; témoin un croupier du club d'Helter-Skelter qui se fit échauder par un reste de vin épicé presque bouillant que Meg lui jeta à la figure, tandis qu'il cherchait à l'embrasser pour la déterminer à en préparer d'autre ; témoin aussi le président du club de Wildfire, qui eut le front caressé par un coup que Meg lui donna avec la clef de la cave, tandis qu'il s'efforçait de s'emparer de cet emblème d'autorité. Mais ces jeunes gens ardens s'inquiétaient peu de ces petits accidens, qu'ils regardaient comme *dulces Amaryllidis iræ*; et Meg, de son côté, quoiqu'elle les appelât souvent des vauriens d'ivrognes, des vagabonds d'High-Street (1), ne souffrait jamais qu'aucune autre personne en parlât mal en sa présence. — Ce sont des drôles bien osés, disait-elle, mais voilà tout. Quand le vin entre dans la tête, l'esprit en sort. On ne peut mettre une vieille tête sur de jeunes épaules. Pouvez-vous empêcher un jeune poulain de vouloir galoper soit en montant, soit en descendant? Et elle finissait par sa conclusion ordinaire : — Hé! pourquoi non ?

Parmi les pratiques restées fidèles à Meg, — fidèles au milieu des infidèles, — nous ne devons pas oublier de compter le clerc du shériff du comté, personnage à nez

_____

(1) Grande rue d'Édimbourg. — ÉD.

cuivré, qui, lorsque ses devoirs officiels l'appelaient
dans ce canton, échauffé par le souvenir de son excellente ale et de ses délicieuses liqueurs des Antilles, ne
manquait jamais de donner avis au public qu'il tien-
drait son audience et s'occuperait des affaires qui le
concernaient, à tel jour et telle heure, dans la maison
de Marguerite (1) Dods, aubergiste à Saint-Ronan.

Il ne nous reste plus qu'à dire quelques mots sur la
manière dont Meg se conduisait à l'égard des voyageurs
que le hasard faisait tomber chez elle, soit qu'ils igno-
rassent qu'il existait à très-peu de distance un hôtel
plus fréquenté, soit qu'ils consultassent l'état de leur
bourse plutôt que la mode. L'accueil qu'elle leur faisait
était aussi précaire que l'hospitalité qu'accorde une nation sauvage aux marins qui font naufrage sur ses côtes.
S'ils paraissaient être venus chez elle par choix, si leur
abord lui plaisait, et elle avait le goût fort capricieux;
surtout s'ils semblaient satisfaits de ce qu'elle leur offrait et peu disposés à critiquer et à donner de l'embarras, tout allait à ravir; mais s'ils étaient venus à
Saint-Ronan faute d'avoir pu trouver à se loger dans
l'hôtel situé près de la Source, si leur tournure lui dé-
plaisait, et par-dessus tout s'ils se montraient difficiles
à contenter, personne n'aurait pu leur donner leur
congé avec plus de promptitude que Meg : elle les regardait comme faisant partie de ce public ingrat et peu
généreux qui était cause qu'elle tenait son auberge à
perte, et qui la rendait, en quelque sorte, victime de
son zèle pour le bien public.

De là venaient les différentes versions qui couraient

(1) Meg est une abréviation familière de Marguerite. — Tr.

sur l'auberge de Saint-Ronan. Quelques voyageurs fa-
vorisés la vantaient comme la maison la plus propre et
la mieux tenue de toute l'Écosse, disant qu'on y était
parfaitement servi, et qu'on y faisait excellente chère
au plus juste prix; tandis que d'autres, moins heureux,
ne parlaient que de l'obscurité des chambres, du déla-
brement du mobilier et de la mauvaise humeur de l'hôtesse.

Lecteur, si vous habitez du côté de la rive droite de
la Tweed, qui est la plus voisine du soleil, — si même,
étant Écossais, vous avez l'avantage de n'être né que
pendant le cours des vingt-cinq dernières années, vous
pouvez regarder comme un peu surchargé le portrait
de cette reine Élisabeth, que je vous affuble du chapeau piqué et du tablier vert de dame Quickly (1); mais
j'en appelle à ceux de mes contemporains qui, depuis
trente ans, ont connu la route pour les voitures, le
chemin pour les chevaux, et le sentier pour les piétons;
et je leur demande si chacun d'eux ne se souvient pas
de Meg Dods ou de quelque hôtesse qui lui ressemble
beaucoup. C'est une vérité telle, qu'à l'époque dont je
parle j'aurais presque craint de sortir de la capitale de
l'Écosse, pour aller dans quelque direction que ce fût,
de peur d'en rencontrer quelqu'une de la confrérie de
dame Quickly, qui me soupçonnât d'avoir voulu la
présenter au public sous les traits de Meg Dods. Mais
aujourd'hui, quoiqu'il soit possible qu'il existe encore
une ou deux chattes sauvages de cette espèce, leurs
griffes doivent avoir été rognées par l'âge; et je crois

(1) L'aubergiste si chère à Falstaff. *Voyez* les *Joyeuses Com-
mères de Windsor*. — Éd.

que tout ce qu'elles peuvent faire, c'est de s'asseoir,
comme le géant Pape dans le *Voyage du Pèlerin* (1), à la
porte de leurs cavernes désertes, pour faire une grimace aux voyageurs sur lesquels elles exerçaient autrefois leur despotisme.

(1) « J'aperçois devant moi une caverne où habitaient autrefois
deux géans, *Pape* et *Payen*, par la cruauté tyrannique desquels
avaient été mis à mort les hommes dont les ossemens, les cendres
et le sang étaient encore là.... J'ai su depuis que Payen était mort
depuis long-temps; et que l'autre, quoique vivant encore, était
devenu, par suite de l'âge et des coups reçus dans sa jeunesse, si
lourd et si impotent, qu'il ne peut plus que rester assis à l'entrée
de sa caverne, faisant la grimace aux pèlerins qui passent, et se
mordant les ongles de rage de ne pouvoir les atteindre. » Nous
donnons cet extrait de l'allégorie anti-papale de Bunyan, pour faire
comprendre la comparaison de l'auteur. *Voyez* sur cet ouvrage
curieux le tome III de la *Prison d'Édimbourg*. — ÉD.

CHAPITRE II.

─────────

L'HÔTE.

» Quis novus hic hospes ? »
(Dido apud Virgilium.)
» La fille ! quel monsieur entre dans le salon ? »
Traduction burlesque de l'Énéide , par Boots.

CE fut par un beau jour d'été qu'un voyageur seul,
ayant passé sous la vieille porte cintrée qui conduisait
dans la cour de l'auberge de Meg Dods, descendit de
son cheval, et en remit la bride entre les mains du vieux
postillon bossu.

— Portez ma valise dans la maison, lui dit-il; mais
non, attendez, je crois que je suis plus en état de la
porter que vous. Il aida ensuite le pauvre et maigre
palefrenier à détacher les courroies qui assujettissaient

ce meuble aujourd'hui méprisé, lui recommanda d'a-
voir grand soin de débrider son cheval, de le mettre
dans une bonne écurie, de lui desserrer la sangle, de
lui jeter une couverture sur les reins, mais de lui laisser
la selle jusqu'à ce qu'il revînt lui-même pour le voir
étriller.

Le compagnon des voyages de l'étranger parut au palefrenier mériter tous ses soins. C'était un cheval vif et
vigoureux, également propre à la marche et à la course,
mais dont les os étaient un peu saillans, sans doute par
suite d'une longue route; car la beauté de son crin prouvait que rien n'avait été négligé pour le maintenir en
bon état. Pendant que l'écuyer bossu exécutait les ordres
du voyageur, celui-ci, tenant sa valise sous son bras,
entra dans la cuisine de l'auberge.

Il y trouva l'hôtesse, qui n'était pas alors dans un
moment de belle humeur. La servante de cuisine était
sortie pour quelque affaire, et Meg, dans une revue
générale de toute la vaisselle, venait de faire la découverte désagréable que des assiettes de faïence avaient été
écornées ou fêlées; que les casseroles et les poêles à frire
n'étaient pas écurées avec le soin qu'exigeaient ses idées
de propreté, ce qui, joint à quelques autres délits de
moindre importance, lui avait échauffé la bile, de sorte
qu'en arrangeant et dérangeant tout ce qui se trouvait
sur les planches de sa cuisine, elle murmurait à demi-
voix des plaintes et des menaces contre la coupable absente.

L'arrivée d'un étranger ne l'engagea pas à suspendre
ce passe-temps. Elle jeta les yeux sur lui quand il entra,
et, lui tournant le dos, continua sa besogne et son soliloque de lamentations. La vérité est qu'en la personne

de ce nouveau venu elle crut reconnaître un de ces
utiles envoyés de la gent commerçante, qui s'appellent
et que tous les garçons d'auberge appellent *voyageurs*
par excellence, tandis que les autres les nomment cou-
reurs et porte-sacs. Or Meg avait des préventions particulières contre cette classe de chalands, parce que,
comme il n'y avait aucune boutique dans le vieux village de Saint-Ronan, lesdits émissaires commerciaux
trouvaient plus commode pour leurs affaires de loger
dans le village naissant qu'on nommait le village de la
Source ; et ce n'était qu'en cas fâcheux de nécessité ab-
solue que quelque traîneur venait chercher un abri
dans le vieux village, comme on commençait à nommer
généralement celui où Meg Dods demeurait. Elle n'eut
donc pas plus tôt conclu, avec un peu de précipitation,
que l'individu en question appartenait à cette classe
privée de l'honneur de ses bonnes graces, qu'elle reprit
sa première occupation, et continua son monologue,
en apostrophant ses servantes absentes, sans songer à
lui le moins du monde.

— Cette maudite Beenie ! cette sotte d'Eppie ! quelles
filles du diable ! Encore une assiette cassée ! Elles me
briseront toute la maison.

Le voyageur, qui, appuyant sa valise sur le dos
d'une chaise, avait attendu que l'hôtesse lui adressât
quelques mots de bienvenue, vit alors que, fantôme
ou non (1), il fallait qu'il parlât le premier s'il voulait
qu'on fît attention à lui.

(1) Allusion à une superstition écossaise : celui qui adresse le
premier la parole à un fantôme , risque de mourir dans le courant.
de l'année. — Tr.

— Mistress Marguerite Dods, lui dit-il, vous voyez une ancienne connaissance.

— Pourquoi non? Et qui êtes-vous donc, vous qui me parlez ainsi? lui demanda-t-elle tout d'une haleine. Et elle se mit à frotter un chandelier de cuivre avec encore plus d'activité qu'auparavant, le ton sec avec lequel elle avait parlé indiquant clairement le peu d'intérêt qu'elle prenait à la conversation.

— Un voyageur, ma bonne mistress Dods, qui vient vous demander à loger pour un jour ou deux.

— Je crois que vous êtes dans l'erreur. Je n'ai pas de place ici pour tous vos sacs. Vous vous êtes trompé de route, voisin, et il faut que vous et vos sacs vous descendiez un peu plus bas.

— Je vois que vous n'avez pas reçu la lettre que je vous ai écrite, mistress Dods.

— Comment l'aurais-je reçue? Ne nous a-t-on pas retiré la poste pour la placer à la source de Spa, comme ils l'appellent?

— Ce n'est qu'à quelques pas d'ici.

— Eh bien, vous y arriverez plus vite.

— Mais, si vous y aviez envoyé chercher ma lettre, vous auriez appris...

— Je n'ai besoin de rien apprendre à mon âge. Ceux qui ont à m'écrire peuvent donner leurs lettres à John Hislop, le voiturier, qui connaît la route depuis quarante ans. Quant à celles qu'on adresse à la maîtresse de poste, comme on l'appelle, au pied de la montagne, elles peuvent rester dans la boîte jusqu'au jugement dernier, avec un avis pour qu'on les fasse prendre, avant que je les y envoie chercher. Jamais elles ne me saliront les doigts. Maîtresse de poste! voire! L'imper-

tinente! Je la connais bien. Je me souviens de l'avoir
vue faire pénitence publique dans l'église pour avoir
avant d'être mariée... (1).

L'étranger se mit à rire; mais il interrompit l'hôtesse
fort à temps pour l'honneur de la maîtresse de poste,
en l'assurant qu'il avait envoyé à son affidé, le voiturier,
sa ligne et sa malle, et qu'il espérait qu'elle ne refuse-
rait pas de recevoir chez elle une ancienne connaissance,
un homme qui croyait ne pouvoir dormir à son aise
dans aucun lit à cinq milles de Saint-Ronan, s'il savait
que celui de la chambre Bleue n'était pas occupé.

—Sa ligne! une ancienne connaissance! la chambre
Bleue! répéta Meg avec un air de surprise. Et, se tournant en face de l'étranger, elle se mit à l'examiner avec
intérêt et curiosité. — Vous n'êtes donc pas un porte-
sac, après tout? ajouta-t-elle.

—Non, depuis que j'ai déposé ma valise sur cette
chaise.

—Eh bien, tout ce que je puis dire, c'est que j'en
suis bien aise. Je n'aime pas leur manière ridicule de
mêler de l'anglais dans tous leurs discours. Ce n'est pas
que je n'aie connu d'honnêtes garçons parmi eux;
pourquoi non? Mais c'était quand ils venaient loger ici
de temps en temps comme d'autres braves gens; au
lieu que depuis qu'ils ont pris leur volée, comme une
troupe d'oies sauvages, vers le nouvel hôtel qui est là-
bas, on dit qu'ils jouent des tours d'enfer dans la
chambre des voyageurs, comme on l'appelle, ni plus
ni moins que si elle était pleine de jeunes lairds ivres.

(1) Nous avons eu plusieurs fois l'occasion d'expliquer cette cérémonie du *cutty-stool*. Voyez, dans la *Prison d'Édimbourg*,
l'entretien de Jeanie Deans avec la reine Caroline. —ÉD.

— C'est qu'ils auraient besoin de vous pour maintenir le bon ordre parmi eux, mistress Marguerite.

— Oui-da, mon garçon! vous m'avez l'air d'un beau parleur; mais il ne faut pas croire que je me laisse enjôler si aisément.

Et, le regardant de nouveau en face, elle l'honora d'un examen plus attentif.

Tout ce qu'elle remarquait en lui était, dans son opinion, favorable à cet étranger. C'était un homme bien fait, de taille un peu plus qu'ordinaire, et à qui l'on aurait pu donner de vingt-cinq à trente ans; car, bien qu'au premier coup d'œil il pût paraître avoir atteint ce dernier âge, cependant en l'examinant de plus près on pouvait croire que le soleil brûlant d'un climat plus chaud que l'Écosse, peut-être quelque fatigue de corps et d'esprit, ou quelques soucis secrets, avaient imprimé sur ses traits les indices d'un plus grand nombre d'années qu'il n'en avait encore vu. Il possédait de grands yeux, de belles dents; et toute sa physionomie, sans avoir un caractère particulier de beauté, respirait l'esprit et la vivacité. Sa tournure, également éloignée de la gaucherie et de l'affectation, avait cette aisance qui annonce l'homme bien né; et, quoique la simplicité de ses vêtemens et la circonstance qu'aucun domestique ne l'accompagnait ne permissent pas à Meg de le regarder comme un homme très-favorisé par la fortune, il ne lui resta guère de doute que l'inconnu ne fût d'un rang supérieur à celui de ses pratiques ordinaires.

Pendant que la bonne hôtesse faisait ces observations, quelques souvenirs obscurs, se présentant confusément à son esprit, lui persuadèrent qu'elle avait effectivement

déjà vu celui qui en était l'objet. Mais *quand, mais où*,
c'était ce qu'elle ne pouvait se rappeler. Ce qui l'em-
barrassait surtout, c'était un air de sang-froid et de
sarcasme qu'elle ne pouvait concilier avec les souvenirs
que faisait naître en elle sa physionomie.

Enfin elle lui dit avec toute la politesse dont elle était
capable : — Ou je vous ai déjà vu, monsieur, ou j'ai
vu quelqu'un qui vous ressemble beaucoup. Et vous
connaissez la chambre Bleue ? Cependant vous êtes
étranger dans ce pays.

—Pas aussi étranger que vous pouvez le supposer,
Meg, répondit-il en prenant un ton plus familier. Vous
en serez convaincue quand je vous aurai dit mon nom;
Frank Tyrrel.

— Tirl! s'écria Meg avec un accent de surprise. Impossible! Vous ne pouvez être Francie Tirl, ce jeune
étourdi qui pêchait des poissons et qui dénichait des
oiseaux ici il y a sept ou huit ans. Cela ne se peut pas.
Francie n'était qu'un marmot.

—Mais ajoutez sept ou huit ans sur la tête de ce marmot, Meg, vous le reconnaîtrez peut-être dans l'homme
qui est devant vous.

— C'est la vérité, dit Meg en jetant un coup d'œil
sur ses propres traits, qui se réfléchissaient sur une
cafetière de cuivre qu'elle avait rendue brillante comme
un miroir à force de la frotter; c'est la vérité pure. Il
faut dans ce bas monde vieillir ou mourir. Mais, M. Tirl,
car je ne dois plus vous appeler Francie, je pense
que.....

— Donnez-moi tel nom qu'il vous plaira, ma bonne
dame; il y a si long-temps que personne ne m'en a
donné un qui annonçât quelque affection, que celui

qui en prouverait me serait plus précieux que le titre
de lord.

— Eh bien donc, M. Francie, si ce n'est pas vous
offenser, j'espère que vous n'êtes pas un nabab (1)?

— Non, non, en vérité, mon ancienne amie. Mais,
quand je serais un nabab, qu'en résulterait-il?

— Rien du tout, si ce n'est que je vous engagerais
peut-être à aller loger un peu plus loin, pour y être
plus mal servi. Les nababs! voire! c'est la peste du pays.
Ils ont fait augmenter le prix des œufs et de la volaille
à trente milles à la ronde. Mais ce n'est pas mon affaire :
ils vont presque tous boire de l'eau là-bas. Il en faut
beaucoup, voyez-vous, pour nettoyer leur teint cuivré
qui aurait besoin d'être frotté comme mes casseroles,
que personne autre que moi ne sait rendre bien lui-
santes.

— Eh bien, ma chère amie, le résultat est donc que
je puis rester ici, et y avoir à dîner?

— Hé! pourquoi non?

— Et que j'aurai la chambre Bleue pour une couple
de nuits, peut-être même pour plus long-temps?

— Je n'en sais trop rien. La chambre Bleue est la
meilleure de nos chambres, et ceux qui sont près de
ce qu'il y a de mieux dans ce monde ne sont pas mal
partagés.

— Arrangez cela comme il vous plaira, je vous en
laisse la maîtresse, et en attendant je vais voir si mon
cheval ne manque de rien.

— L'homme miséricordieux pour ses semblables, dit

---

(1) Nom qu'on donne en Angleterre à ceux qui ont fait fortune
dans les Indes. — Éd.

Meg quand Tyrrel fut sorti de la cuisine, l'est aussi
pour sa monture. Il a toujours eu en lui, ce M. Tirl,
quelque chose qui passe l'ordinaire. Mais quel terrible
changement dans son visage depuis la dernière fois que
je l'ai vu! Au surplus, à cause de l'ancienne connaissance, il aura aujourd'hui un bon dîner, je puis en
répondre.

Elle se mit à faire tous les préparatifs convenables
avec son activité ordinaire; et elle était tellement occupée des soins de sa cuisine que, lorsque ses deux
servantes reparurent, elles échappèrent à la mercuriale
qu'elle leur avait destinée pour prix de leur diligence
et de leur propreté. Sa complaisance alla même, lorsque Tyrrel entra dans la cuisine pour prendre sa valise, jusqu'à reprocher à Eppie d'être une fainéante,
parce qu'elle ne l'avait pas encore portée dans la
chambre qu'elle avait décidé qu'il occuperait.

— Je vous remercie, lui dit Tyrrel; mais j'ai des dessins et des couleurs dans ma valise, et je préfère la
porter moi-même.

— Est-ce que vous faites encore le métier de peintre?
demanda Meg; vous étiez un fier barbouilleur il y a
quelques années.

— Je ne puis vivre sans cela, répondit Tyrrel. Et,
prenant sa valise, il suivit la servante, qui le conduisit
dans un appartement fort propre, où il eut bientôt la
satisfaction de voir paraître le chef-d'œuvre de l'hôtesse,
un ragoût de tranches de veau, avec l'accompagnement ordinaire de légumes, et une cruche d'excellente
ale, que mistress Meg plaça sur la table de ses propres
mains. Il ne pouvait moins faire, en reconnaissance de
cet honneur, que de demander à Meg une bouteille à

cachet jaune, s'il lui restait encore de ce délicieux
bordeaux.

— S'il m'en reste encore ! dit Meg. Oui, oui, il m'en
reste, car je ne le jette pas à la tête du premier venu.
Ah ! je vois, M. Tyrrel, que vous n'avez pas encore
renoncé à toutes vos anciennes folies. Si vous faites des
peintures pour vivre, un verre d'eau et de rum vous
reviendrait à meilleur marché, et vous ferait autant de
bien. Mais je vois que vous voulez vous passer cette
fantaisie, quand ce devrait être la dernière.

Meg partit, et au bruit de ses pas se mêla celui du
trousseau de clefs qu'elle tenait à la main ; après quelques instans d'absence elle apporta une bouteille de
vin de Bordeaux, tel qu'aucune taverne à la mode n'en
pouvait fournir, sur la demande d'un duc, et au prix
qu'un duc en aurait payé. Elle ne parut pas peu flattée
quand son jeune hôte l'assura qu'il n'en avait pas encore oublié le bouquet délicieux. Après ces divers actes
d'hospitalité elle se retira, en laissant Tyrrel libre de
jouir à son aise de toutes les bonnes choses qu'elle
venait de lui servir.

Mais au fond du cœur Tyrrel nourrissait de quoi
braver la puissance inspiratrice de la bonne chère et
même du vin, qui ne réjouit le cœur de l'homme que
lorsqu'une oppression secrète n'en neutralise pas l'influence par une réaction en sens inverse. Il se retrou-
vait dans des lieux qu'il avait aimés à cette époque
délicieuse de la vie où la jeunesse nous fait toutes ces
promesses flatteuses que l'âge mûr nous tient si rarement. Il tira sa chaise dans l'embrasure d'une croisée
antique, et, levant le store pour jouir de la fraîcheur
de l'air, il laissa ses pensées se reporter sur le passé ,

tandis que ses yeux s'arrêtaient sur des objets qu'ils n'avaient pas vus depuis plusieurs années fécondes en événemens; ses regards pouvaient embrasser la partie inférieure du village, dont les ruines perçaient çà et là à travers la verdure et l'ombrage. Plus loin, au centre de la petite hauteur qui formait le cimetière, on apercevait l'église de Saint-Ronan. Plus loin encore, à l'endroit où la rivière de Saint-Ronan faisait sa jonction avec celle qui traversait la vallée, on distinguait, blanchies par les rayons du soleil couchant, les maisons du nouveau village, les unes déjà achevées, les autres à demi construites, dans le voisinage de la source médicinale.

Le temps change tout autour de nous, pensa Tyrrel. — Et si cette réflexion n'était pas neuve elle était du moins bien naturelle. — Et pourquoi donc l'amour et l'amitié auraient-ils une plus longue durée que nos maisons et nos monumens? — Et il tomba dans une sombre rêverie, qui fut troublée par l'arrivée de son hôtesse officieuse.

— Je venais vous offrir de prendre une tasse de thé, M. Francie, lui dit-elle, et cela en souvenir du vieux temps. Si vous le trouvez bon, je dirai à Beenie d'apporter ici tout ce qu'il faut, et je le préparerai moi-même. Mais je vois que vous n'avez pas encore fini votre vin.

— Pardonnez-moi, mistress Dods; j'ai fini, et vous pouvez emporter la bouteille.

— Emporter la bouteille avant que le vin soit bu! s'écria Meg avec un air de mécontentement; j'espère que vous ne trouvez rien à redire au vin, M. Tirl?

A cette question, faite d'un ton presque courroucé,

4

Tyrrel se contenta de répondre modestement qu'il avait trouvé le vin délicieux.

— Et pourquoi donc ne le buvez-vous pas? On ne doit jamais demander plus de vin qu'on n'en peut boire. Vous croyez peut-être que nous suivons ici la mode de la *table-d'hôte*, comme ils appellent là-bas leur *Ordinaire* (1), où l'on serre dans une armoire tous les restes de vinaigre qui se trouvent dans les bouteilles, comme on me l'a raconté, avec une étiquette sur le cou de chacune, pour montrer qu'elle appartient à telle ou telle pratique, de manière qu'elles sont là rangées comme des fioles d'apothicaire; — et, si pleines qu'elles puissent être, il n'y en a pas une qui pourrait remplir un honnête *mutchkin* (2).

— Il peut se faire, dit Tyrrel, ne voulant pas contrarier l'humeur et les préjugés de son ancienne connaissance, que le vin ne soit pas assez bon pour qu'on désire de l'avoir à pleine mesure.

— Vous pouvez bien le dire, et cependant ceux qui le vendent pourraient le donner à bon marché, car ils n'ont que la peine de le faire. Je réponds que la plus grande partie de leur vin n'a jamais vu la France ni le Portugal. Mais, comme je le disais, ma maison n'est pas une de ces nouvelles baraques où l'on met le vin en réserve pour ceux qui ne peuvent pas le boire. Quand le bouchon est tiré, il faut que la bouteille se vide. Hé! pourquoi non? N'est-ce pas pour cela qu'on la débouche?

— Je suis d'accord avec vous, Meg; mais la course

_____

(1) *Ordinaire* est le mot anglais. — Éd.

(2) Mesure d'Écosse. — Tr.

que j'ai faite aujourd'hui m'a un peu échauffé, et je
crois que la tasse de thé que vous me promettez me
fera plus de bien que le reste de mon vin.

— En ce cas, ce que je puis faire de mieux pour vous,
c'est de le mettre de côté pour en faire la sauce d'un
salmi de canard sauvage que je vous servirai demain;
car je crois que vous m'avez dit que vous demeurerez
ici un ou deux jours.

— Sans contredit, Meg; c'est mon dessein.

— A la bonne heure. Ainsi donc le reste du vin ne
sera pas perdu. Ce n'est pas tous les jours qu'on en emploie de pareil pour faire un salmi; permettez-moi de
vous le dire, voisin. Mais je me rappelle le temps où,
migraine ou non, vous auriez vu le fond de la bouteille,
et vous m'auriez peut-être cajolée pour vous en donner
une autre. Il est vrai qu'alors vous aviez votre cousin
pour vous aider. C'était un bon vivant que ce Valentin
Bulmer; mais vous étiez aussi un joyeux compère,
M. Francie, et j'avais fort à faire pour vous mettre tous
les deux à la raison quand vous aviez envie de faire
quelque escapade. Mais vous avez toujours été plus
maniable que Valentin. Oh! c'était un beau garçon,
avec des yeux comme des diamans, des joues comme
des roses, une tête comme un tapis de bruyère. C'est
le premier que j'aie vu porter des favoris, comme on
les appelle; mais aujourd'hui tout le monde fraude le
barbier. Et il riait! il riait à ressusciter un mort. Je
vous dis qu'il faisait tant rire, et qu'il fallait tellement
le surveiller, que quand il était dans la maison il n'y
avait plus moyen de songer à personne. Et qu'est-il devenu votre cousin Valentin Bulmer, M. Francie?

Tyrrel baissa les yeux, et ne répondit que par un soupir.

— En vérité? est-il bien possible? Le pauvre garçon a-t-il été retiré si tôt de ce monde misérable? Eh bien, c'est une porte par où il faut que nous passions tous. Que nous soyons flacons ou pots, nous ne sommes tous que des vases fêlés, et nous ne pouvons conserver en nous la liqueur de la vie. Hélas! hélas! Et ce pauvre Valentin Bulmer était-il de la baie de Bulmer, où l'on débarque le genièvre de Hollande? On boit aussi du thé dans ce pays. J'espère que vous trouverez bon celui que je vous ai apprêté, M. Francie.

— Excellent, ma bonne dame, — répondit Franck Tyrrel; mais c'était d'un ton à lui faire comprendre qu'elle avait entamé un sujet qui lui rappelait de fâcheux souvenirs.

— Et quand est-il mort, ce pauvre garçon? continua Meg, qui avait sa bonne part des qualités de notre mère Ève, et qui désirait savoir quelque chose sur ce qui paraissait affecter si péniblement son hôte. Mais Tyrrel ne répondit pas à son attente, et il réussit même à donner un autre cours à ses idées, en se tournant encore du côté de la fenêtre, et en regardant les nouveaux bâtimens qui s'élevaient près de la source de Saint-Ronan. Feignant de les apercevoir pour la première fois, il lui dit d'un ton d'indifférence : — Il paraît que vous avez acquis de nouveaux voisins, mistress Dods?

— Des voisins! s'écria Meg, son courroux s'enflammant, comme cela ne manquait jamais d'arriver toutes les fois qu'on faisait la moindre allusion à un sujet qui lui tenait si fort au cœur; vous pouvez les appeler voi-

sius si bon vous semble; mais si le diable veut emporter tout ce voisinage, ce n'est pas Meg Dods qui s'y
opposera.

— Je suppose, ajouta Tyrrel, comme s'il n'eût pas
remarqué son mécontentement, que c'est là l'hôtel du
Renard, dont j'ai entendu parler.

— Du Renard! s'écria Meg; oui, oui; et c'est ce
Renard qui m'a enlevé toutes mes oies. Je pourrais bien
fermer ma maison, M. Tyrrel, si c'était elle qui dût
me faire vivre. Moi qui ai vu enfans tous nos gens
comme il faut, qui leur ai donné de ma propre main
des croquignoles et des bonbons! cela n'empêche pas
qu'ils verraient la maison de mon père me tomber sur
les épaules avant qu'aucun d'eux me prêtât seulement
une épingle pour la soutenir. Et cependant ils ont
donné chacun leurs cinquante livres pour faire bâtir
ce qu'ils appellent le grand hôtel. Cela leur a bien profité, car ce coquin de Sandie Lawson ne leur a pas
payé un *bawbie* (1) des quatre derniers termes de ses
loyers.

— Il me semble que, si cette source est devenue si
fameuse par les cures qu'elle a opérées, le moins qu'on
pouvait faire pour vous c'était de vous en nommer prêtresse.

— Moi, prêtresse! je ne suis pas de la croyance des
quakers, M. Francie, je vous en réponds; et je n'ai jamais entendu parler d'une maîtresse d'auberge qui se
soit faite prédicateur, si ce n'est la vieille mère Buchan
dans l'ouest. Et si je me mettais à prêcher, je me flatte
que j'ai trop l'esprit d'une Écossaise pour prêcher dans

_____

(1) Petite monnaie d'Écosse. — Tr.

la même salle où l'on a dansé toutes les nuits de la semaine, sans même en excepter celle du samedi, jusqu'à
ce qu'on entende sonner minuit. Non, non, M. Francie,
je laisse cela à M. Simon Chatterly, comme on appelle
ce petit rejeton de l'épiscopat arrivé d'Édimbourg, qui
joue aux cartes, danse six jours de la semaine, et, le
septième, fait la prière dans la salle du bal, ayant pour
clerc cet ivrogne de barbier, Tom Simson.

— Il me semble que le nom de M. Chatterly ne m'est
point inconnu.

— Vous avez peut-être entendu parler de ce sermon
qu'il a fait imprimer, où il compare cette mare à la
fontaine de Bethesda, comme un impie profanateur
qu'il est. Il aurait dû savoir que cet endroit a acquis
sa renommée dans les jours de ténèbres du papisme, et
quoiqu'ils lui aient donné le nom de Saint-Ronan, ce
n'est pas à moi qu'on fera jamais accroire que le brave
homme y ait jamais mis la main; car j'ai été assurée,
par quelqu'un qui devait s'y connaître, que ce bon saint
n'était pas Romain, mais seulement *caldien* ou *chaldien* (1),
ou quelque chose de semblable. Mais ne prendrez-vous
pas une autre tasse de thé, M. Francie, et une de ces
tartines? Elles sont faites avec mon propre beurre frais,
M. Tirl, et non avec de mauvaise graisse de cuisine,
comme les gâteaux qu'on vend chez ce confiseur là-bas,
et où l'on trouve plus de mouches mortes que de grains
d'anis. Confiseur! Avec de la farine de seigle pour un
penny, de la mélasse pour moins, et quelques grains

(1) La mère Dods veut parler des *Culdes*, premiers prêtres des
Hébrides, dont le christianisme différait de celui de Rome.

ÉD.

d'anis, je ferais de meilleurs gâteaux qu'on n'en a jamais vu sortir de son four!

— Je n'en doute nullement, mistress Dods; je voudrais seulement savoir comment ces nouveau-venus ont pu soutenir la concurrence contre une maison aussi anciennement établie et aussi avantageusement connue que la vôtre. Je présume qu'ils le doivent à la vertu des eaux minérales; mais comment ces eaux ont-elles obtenu tout à coup tant de réputation?

— Je ne saurais vous le dire. On les regardait comme n'étant bonnes à rien, si ce n'est seulement de temps en temps à quelque enfant de pauvre qui avait gagné les écrouelles, et qui n'avait pas le moyen d'acheter pour un penny de sels. Mais milady Pénélope Penfeather tomba malade, et comme c'était d'une maladie que personne n'avait jamais eue, il fallait bien qu'elle fût guérie par un remède qui n'avait jamais guéri personne, ce qui était très-conséquent. Or milady, comme vous pouvez le savoir, a de l'esprit à volonté, car tous les savans d'Édimbourg viennent dans sa maison de Wyndywalls, qu'il plaît à milady d'appeler le château d'Air, et chacun de ces savans a son tour particulier, les uns faisant des contes et des vers tout aussi bien que Rob Burns et Allan Ramsay (1); les autres courant sur les montagnes et dans les vallées, et brisant de grosses pierres à coups de marteau, comme s'ils étaient chargés de la réparation des routes: on dit que c'est pour voir comment le monde a été fait. On en voit qui jouent de toutes sortes d'instrumens; et il y en a qui vont se percher, comme autant de corbeaux, sur toutes les mon-

(1) Deux poetes écossais contemporains de Meg Dods. — Éd.

tagnes du pays, avec du papier et des crayons, pour
faire aussi votre métier à vous, M. Francie, sans compter
ceux qui ont été dans les pays étrangers, ou qui disent
qu'ils y ont été, ce qui revient au même, comme vous
le savez; et peut-être deux ou trois miss à queues traî-
nantes, qui héritent des lubies de lady Pénélope, quand
elle en est lasse, comme ses femmes de chambre portent
ses robes de rebut. Si bien donc, qu'après l'heureuse
guérison, comme on l'appelle, de milady, toute la
troupe d'oisons sauvages est accourue pour s'établir
autour de la mare, afin d'y diner sur l'herbe, comme
une bande d'Égyptiens; et l'on a récité des vers et
chanté des airs et des chansons sans doute en l'honneur
de la source, comme ils appellent cette vilaine eau, et à
la gloire de lady Pénélope Penfeather. Enfin ils ont fini
par boire un grand verre de cette eau admirable, qui,
à ce qu'on m'a assuré, fit un grand dégât dans leur
estomac, pendant qu'ils retournaient chez eux : ils appellent cela un *pique-nique*. Et c'est ainsi que cette folle
de gigue a commencé sur l'air de milady, et depuis ce
temps on a dansé de plus en plus sur l'air des fous. Nous
avons vu arriver des maçons et des pâtissiers, des pré-
dicateurs et des comédiens, des épiscopaux et des mé-
thodistes, des fous et des docteurs, des architectes et
des droguistes, sans parler de marchands de toute espèce, qui vendent leurs marchandises de rebut plus de
trois fois leur valeur. Voilà pourtant comme s'est élevé
le nouveau village de la Source, au grand détriment de
l'honnête et vieux village de Saint-Ronan, où tant de
braves gens vivaient heureux bien long-temps avant
qu'aucun de ces nouveaux-venus fût né, — avant que
semblables caprices fussent nés dans leur cerveau fêlé.

— Et que dit de tout cela le laird de Saint-Ronan,
votre propriétaire (1)?

— Mon propriétaire, dites-vous, M. Francie? Le
laird de Saint-Ronan n'est pas mon propriétaire, et il
me semble que vous auriez pu vous en souvenir. Non,
non, louange en soit rendue à qui de droit! Meg Dods
est en même temps maître et maîtresse. C'est bien assez
que je tienne les portes de la maison ouvertes, comme
je le fais, vienne la Pentecôte ou la Saint-Martin. Il y a
un vieux sac de cuir, M. Francie, dans un des trous du
pigeonnier du digne maître Bindloose, le clerc du shé-
rif, c'est-à-dire dans son cabinet, et dans ce sac se
trouve une bonne chartre en parchemin contenant
chartre saisine, ce qui est hors de toute atteinte, et
vous pouvez vous en informer quand vous le voudrez.

— Pardon, Meg, j'avais oublié que l'auberge vous
appartient; quoique je me rappelle que vous possédez
aussi une quantité considérable de terres.

— Peut-être j'en possède, peut-être je n'en possède
pas; et pourquoi n'en posséderais-je pas? Mais vous me
demandez ce que dit de ce qui se passe là-bas le laird de
Saint-Ronan, dont le grand-père était le propriétaire de
cette auberge affermée alors à mon père : il se jette sur
un penny comme un coq sur un grain d'orge, et il leur
a donné à rente inféodée tout le terrain autour de la
mare, et qu'on nomme aujourd'hui Wellholm, ce qui
était le meilleur lot de terre qu'il possédât, pour être
coupé, taillé et morcelé, suivant le bon plaisir de Jock
Ashler. Ce maçon se donne les airs de se dire architecte.
Vous voyez que, si nous vivons dans un nouveau monde,

(1) Landlord. — Éd

on n'y manque pas de nouveaux mots, et c'est une autre vexation pour des gens qui ont atteint mon âge. C'est une honte au laird de laisser son ancien patrimoine s'en aller comme cela; le cœur me saigne en y pensant, quoique je n'aie guère de raisons pour m'inquiéter de ce qu'il pourra devenir lui et les siens.

— Le laird de Saint-Ronan est-il toujours celui que j'ai connu, vieillard avec qui vous savez que j'ai eu une querelle pour...

— Pour avoir été braconner dans les marais de Spring-Well-Head. Ah! M. Tirl, le brave M. Bindloose vous a tiré bien adroitement de cette affaire. Non, non, ce n'est plus cet honnête homme; c'est son fils John Mowbray. Le père repose dans l'église de Saint-Ronan depuis six ou sept ans.

— N'a-t-il pas laissé d'autre enfant que le laird actuel? demanda Tyrrel presque en balbutiant.

— C'était bien assez d'un pareil fils. Passe s'il en eût un autre qui eût mieux valu.

— Et il est donc mort sans laisser d'autres enfans que ce fils?

— Non vraiment. Il y a, avec votre permission, miss Clara, qui tient la maison de son frère, si l'on peut dire qu'il tienne maison, car il est presque toujours là-bas à la mare, de sorte qu'ils n'ont pas besoin de faire grande cuisine aux Shaws.

— Miss Clara doit s'y ennuyer pendant l'absence de son frère?

— Oh, non! il l'emmène souvent avec lui à la Source, comme on l'appelle, et il vous la plante au milieu de tous les fous qui s'y rassemblent, Dieu sait pourquoi, leur secouant la main, dansant avec eux et prenant part à toutes leurs folies. Je ne lui désire pas de mal, mais c'est une honte que la fille de son père se trouve avec cette troupe d'étudians, de clercs de procureurs, de porte-sacs, en un mot avec toute cette mauvaise compagnie qu'on y rencontre.

— Vous êtes trop sévère, Meg. La conduite de miss Clara mérite sans doute qu'on lui laisse toute liberté.

— Je ne dis rien contre sa conduite, reprit Meg ; — il n'y a rien à en dire que je sache ; mais j'aime que qui se ressemble s'assemble. Je n'ai jamais trouvé rien à redire au bal que tous les gens comme il faut donnaient dans ma maison il y a bien des années. Les vieilles gens venaient dans leurs voitures avec des chevaux noirs à longue queue ; plus d'un jeune gaillard arrivait sur son cheval de chasse, et quelquefois avec une belle dame en croupe derrière lui ; bien des jolies filles se montraient montées sur leur bidet ; chacun s'amusait, hé ! pourquoi non ? Il y avait aussi le bal des fermiers, où l'on voyait de braves jeunes gens en bas bleus et en culottes de peau de daim. C'était ce qu'on peut appeler des réunions décentes. On aurait dit d'une seule famille ; tout le monde s'y connaissait. A l'un, les fils de laboureurs dansaient avec les filles de fermiers ; à l'autre, les hommes comme il faut offraient la main à des femmes de qualité, si ce n'est lorsque quelqu'un des gentilshommes du club de Killnakelty voulait me faire danser moi-même par forme de plaisanterie, et il arrivait souvent que je ne pouvais suivre la danse tant je riais. A coup sûr je n'ai jamais trouvé à redire à ces plaisirs innocens, quoiqu'il m'en coûtât ensuite une semaine de travail pour remettre l'ordre dans la maison.

—Le cérémonial des assemblées dont vous parlez,

Meg, ne serait pas agréable pour un étranger comme
moi. Comment pourrais-je trouver une danseuse dans
ces espèces de réunions de famille?

— Soyez sans inquiétude, M. Francie, dit Meg en
clignant l'œil d'un air malin ; jamais Tony ne manquera
de Toinette, que le monde aille comme il voudra. Mais,
pour mettre les choses au pire, il faut mieux avoir quelque embarras pour trouver une danseuse que d'en prendre une le soir dont on ne puisse se débarrasser le matin.

— Est-ce que cela arrive quelquefois ?

— Si cela arrive! si cela arrive parmi ces gens qui se
rassemblent à la mare! Tenez, encore la dernière saison (1), comme ils l'appellent, pour ne pas chercher
plus loin, le jeune Bingo Binks, cet Anglais à habit
rouge, qui a une diligence qu'il conduit lui-même, se
trouva accouplé un soir avec miss Rachel Bonnyrigg,
la fille à longues jambes de la vieille lady Loupengirth,
et ils dansèrent si long-temps ensemble, qu'on en dit
plus qu'on n'aurait dû en dire. Il aurait bien voulu en
rester là; mais ce n'était pas le compte de la vieille
dame, et elle arrangea si bien les choses qu'il fallut que
miss Rachel devînt lady Binks en dépit de sir Bingo. Il
n'a jamais osé la conduire dans sa famille en Angleterre, et depuis ce temps il est toujours resté à la mare;
et voilà à quoi elle est bonne.

— Et Clara, je veux dire miss Mowbray, voit-elle de
pareilles femmes? demanda Tyrrel avec un empressement et un intérêt qu'il aurait voulu déguiser.

_____

(1) A l'imitation de Londres, où l'on appelle la saison, les
mois d'avril, de mai, de juin, de juillet, époques des soirées et
des bals. — Tr.

—Que voulez-vous qu'elle fasse, la pauvre fille? Il
faut bien qu'elle voie les gens que voit son frère, car il
est bien clair qu'elle dépend de lui. Mais en parlant de
cela, je sais ce que j'ai à faire, moi, avant qu'il fasse
nuit. Il y a long-temps que je suis à jaser avec vous,
M. Francie.

A ces mots elle se retira en marchant d'un pas résolu, et bientôt elle fit retentir toute la maison du
bruit de sa voix, en distribuant des ordres et des ré-
primandes à ses servantes.

Tyrrel resta quelques instants plongé dans ses réflexions. Prenant ensuite son chapeau, il alla dans
l'écurie, où son cheval reconnut son maître en dres-
sant les oreilles et avec ce hennissement par lequel ce
noble animal accueille l'ami qui l'approche. S'étant
assuré que rien ne manquait à son fidèle compagnon,
il profita du reste du jour pour aller revoir le vieux
château, ce qui faisait autrefois sa promenade favorite
du soir. Il y resta tant que le crépuscule le lui permit,
admirant les beautés que nous avons tâché de décrire
dans le chapitre précédent, et comparant les teintes
que la nuit effaçait dans le paysage qu'il avait sous les
yeux, à celles de la vie humaine, lorsque la jeunesse et
l'espérance cessent de lui prêter la magie de leurs
couleurs.

Il retourna ensuite à l'auberge, où la promenade
qu'il avait faite et un léger souper consistant en un
lapin du pays de Galles (1) et quelques verres d'ale

---

(1) *Welsh rabbit*, rôtie au fromage, appelée vulgairement *lapin
du pays de Gales ;* comme on appelle en France *chapon de Gascogne*
une croûte de pain frottée d'ail mise dans la salade. — ÉD.

brassée par la bonne dame, rendirent à son esprit plus
de gaieté ou du moins plus de résignation. Il fut ensuite conduit dans la chambre Bleue que Meg lui avait
fait l'honneur de lui destiner, et il y passa la nuit avec
tranquillité, sinon avec gaieté.

CHAPITRE III.

―――――

L'ADMINISTRATION.

» .... Toute société doit être gouvernée,
» La nature le veut. C'est pourquoi nous voyons
» Aux abeilles leur reine et leur chef aux moutons.
» Rome avait ses consuls, Athènes ses archontes.
» Pour établir nos us et pour régler nos comptes,
» Nous mêmes nous avons fait choix d'un comité. »

L'Album de Saint-Ronan.

Le lendemain, Frank Tyrrel fut établi dans son nouveau domicile, et annonça son intention d'y passer quelques jours. Le vieux voiturier du village lui apporta sa ligne et sa malle, et remit à Meg la lettre que le jeune homme lui avait écrite la semaine précédente pour la prévenir de la prochaine arrivée d'une ancienne connaissance. Cet avis, quoique venu un peu tard, fut re-

gardé par l'hôtesse comme une politesse flatteuse ; elle
dit à M. Tirl, comme elle appelait Tyrrel, qu'elle était
sensible à son attention civile ; quoique John Hislop,
le voiturier, ne marchât pas si vite, il était plus sûr que
la poste ou qu'un exprès. Elle vit aussi avec beaucoup
de satisfaction qu'il n'y avait pas de fusil dans son bagage : — Car l'amour de la chasse, lui dit-elle, vous a
mis dans l'embarras et moi aussi, puisque le laird a
juré et tempêté, comme si je faisais de ma maison un
rendez-vous pour des braconniers. Et cependant comment pouvais-je empêcher deux jeunes entêtés de mettre leur fusil sur l'épaule, et de courir les champs ?
D'ailleurs ils avaient permission de chasser sur les
terres du voisin, et n'étaient pas obligés d'en connaître
les limites ; et puis, quand une bécasse vient à partir,
on n'y regarde pas de si près.

Pendant un jour ou deux Tyrrel mena une vie si tranquille et si solitaire que Meg elle-même, qui, dans tout
le monde entier, était la créature qui aimait le plus le
tracas et le mouvement, commença à se dépiter de ne
pas avoir avec lui autant d'embarras qu'elle s'y était
attendue ; l'indifférence de son hôte agissait probablement sur elle comme agit sur un bon cavalier la patience à toute épreuve du cheval bien dressé qu'il sent
à peine sous lui.

Les promenades de Tyrrel le conduisaient exclusivement aux endroits les plus solitaires des bois et des
montagnes voisines. Bien souvent il oubliait sa ligne,
ou, s'il la portait, c'était uniquement afin d'avoir une
excuse pour rêver sur le bord de quelque ruisseau.
Aussi avait-il si peu de succès à la pêche que Meg di
sait que le joueur de violon de Peebles emplirait un

panier de truites avant que M. Tirl en eût pris une demi-douzaine. Il se trouva donc obligé, par amour pour la paix, de rétablir sa réputation en pêchant un beau saumon.

Il ne faisait guère plus d'usage de ses crayons. Il est vrai qu'il montrait quelquefois à Meg les dessins qu'il esquissait dans ses promenades et auxquels il mettait la dernière main en rentrant; mais elle n'en faisait pas grand cas.

— Que signifient, lui disait-elle, ces morceaux de papier sur lesquels vous donnez tant de coups de crayon pour représenter ce que vous appelez des arbres, des buissons et des montagnes? Ne pouvez-vous les peindre avec du vert, du bleu et du jaune, comme tant d'autres? Ce n'est pas ainsi que vous gagnerez votre pain, M. Francie. Il faut que vous montiez sur un châssis un grand carré de toile, comme Dick Tinto; et que vous peigniez des portraits, car on a plus de plaisir à se regarder soi-même qu'à voir toutes les montagnes du monde. Je ne refuserais même pas de recevoir ici les gens de la mare qui voudraient se faire peindre par vous. Ils emploient souvent plus mal leur temps, j'en réponds, et je vous garantis que vous pourriez leur demander une guinée. Dick en prenait deux par tête, mais il avait la main exercée, et il faut savoir marcher avant de vouloir courir.

En réponse à ces remontrances, Tyrrel assurait Meg Dobs que les dessins dont il s'occupait avaient une valeur plus considérable qu'elle ne le pensait, que les artistes qui travaillaient en ce genre étaient souvent mieux payés que ceux qui peignaient à l'huile le portrait et le paysage. Il ajouta qu'ils servaient souvent à

illustrer (1) les éditions de poëmes qui avaient obtenu
du succès, et il sembla même lui donner à entendre
qu'il était chargé lui-même d'un travail de cette espèce.

Meg ne tarda pas à faire sonner bien haut le mérite
de son hôte aux oreilles de Nelly Trotter, marchande
de poisson, dont la charrette formait le seul canal neutre de communication entre l'ancien et le nouveau village, et qui était dans les bonnes graces de Meg, parce
que son chemin pour se rendre à la Source la forçant
à passer devant la porte de l'auberge, l'hôtesse avait
toujours le premier choix du poisson. A la vérité la
la dame Dods avait été si souvent ennuyée des trans-
ports continuels excités par les personnes accomplies de
tous les genres, qui arrivaient chaque jour aux eaux,
qu'elle était enchantée de pouvoir leur montrer qu'elle
avait droit de prétendre aux honneurs du triomphe.
On peut bien croire que la trompette qu'elle emboucha
pour vanter les talens de son hôte ne leur fit rien perdre de leur excellence.

— Il faut que vous me donniez aujourd'hui ce que
vous avez de meilleur dans votre charrette, Nelly, lui
dit-elle un matin, si toutefois nous pouvons tomber
d'accord sur le prix, car c'est pour un des meilleurs
peintres qu'on ait jamais vus dans le pays. Vos grandes
gens de là-bas donneraient leurs oreilles pour voir ce
qu'il a fait depuis qu'il est ici. Avec trois coups de crayon
en long et autant en large, il gagne des lingots d'or. Et
ce n'est pas un ingrat comme ce Dick Tinto, qui n'eut

(1) *To illustrate*, ce qui signifie orner et expliquer. On verra
ci-après pourquoi le traducteur emploie ici ce mot dans le sens
anglais. — ÉD.

pas plus tôt mis dans sa poche les bons vingt-cinq
shillings qu'il m'avait demandés pour repeindre mon
enseigne, qu'il courut les dépenser là-bas à leur bel
hôtel. C'est un garçon sage et tranquille, qui sait se
tenir où il se trouve bien, et qui n'a pas abandonné le
vieux village. Hé! pourquoi non? Dites-leur tout cela,
et vous verrez ce qu'ils vous répondront.

— Je n'ai que faire de jouer des jambes pour vous
le dire, car je le sais d'avance. — Ils me répondront
que vous êtes une vieille folle, et que j'en suis une autre;
que nous pouvons avoir quelque connaissance en ce
qui concerne la raie ou la morue, mais que nous ne
devons pas nous frotter la barbe (1) à autre chose.

— Oseraient-ils parler ainsi, les effrontés? A moi qui
depuis trente ans suis à la tête de cette maison? Je voudrais bien les entendre me parler ainsi en face. Mais
je ne dis rien sans preuve. Savez-vous que j'en ai parlé
au ministre? que je lui ai montré un de ces morceaux
de papier que M. Tirl laisse traîner dans sa chambre,
et qu'il m'a dit que lord Bidmore donnerait cinq guinées du plus médiocre. Tout le monde sait qu'il a été
long-temps gouverneur dans la famille de lord Bidmore.

— Sur ma foi, commère, je crois bien que si je leur
disais tout cela, ils n'en voudraient rien croire : il y a
tant de connaisseurs parmi eux; ils ont une si grande
opinion d'eux-mêmes et une si petite des autres, qu'à
moins que je ne puisse leur faire voir le papier dont
vous parlez, je suis sûre qu'ils ne croiront pas un mot
de ce que je leur dirai.

(1) Expression toute locale. — Éd.

— Ne pas croire ce que dit une honnête femme; et ce qu'une autre leur répète! ô la race des incrédules. Eh bien, Nelly, puisque je suis défiée, vous prendrez ce dessin ou cette esquisse, ou n'importe son nom, et faites-leur honte à ces gens pleins d'eux-mêmes; mais ayez soin de me le rapporter, Nelly, car c'est un objet de valeur. Ayez toujours la main dessus, car je n'ai pas grande confiance dans leur honnêteté. Et vous pouvez leur dire, Nelly, qu'il y a un poëme, un poëme illustré (souvenez - vous de ce mot, *illustré*), dans lequel on trouvera autant de ces *esquisses* qu'il y a de lardons sur un dindon piqué.

Ayant ainsi reçu ses lettres de créance, et jouant le rôle d'un héraut entre deux pays en guerre, l'honnête Nelly s'achemina avec sa petite charrette vers la source de Saint-Ronan.

Dans les endroits où l'on se réunit pour prendre les eaux, comme dans toutes les autres assemblées nombreuses de l'espèce humaine, divers genres de gouvernement ont été établis par le hasard, le caprice ou la convenance; mais presque partout on a adopté quelque moyen pour prévenir les conséquences de l'anarchie. Quelquefois le pouvoir suprême a été accordé à un maitre de cérémonies; mais ce despotisme, comme tous les autres, a cessé d'être à la mode depuis quelque temps ; et l'autorité de ce grand officier a été considérablement limitée, même à Bath, où Nash jouissait autrefois d'une suprématie incontestée. Des comités d'administration, composés d'individus choisis parmi les hôtes les plus assidus, ont été depuis généralement préférés, comme offrant le moyen le plus libéral pour l'exercice du pouvoir, et c'était à un semblable comité qu'était confié le

gouvernement de la république naissante des eaux de
Saint-Ronan.

Il est bon de faire observer que ce petit sénat avait
une tâche d'autant plus difficile à remplir, que ses sujets, comme ceux de beaucoup d'autres états, étaient
divisés en deux partis opposés l'un à l'autre, qui bu-
vaient, mangeaient, dansaient et se divertissaient ensemble tous les jours, et qui cependant se haïssaient
avec toute l'animosité que donnent souvent les opinions
politiques. Chacun mettait tout en usage pour attirer
à lui chaque nouvel arrivant, et pour ridiculiser les
folies et les absurdités de l'autre en employant à cet
effet tout l'esprit et toute la causticité dont chaque
membre était doué.

A la tête de l'un de ces partis figurait un véritable
personnage, lady Pénélope Penfeather, à qui ce nouvel
établissement devait sa renommée et même son existence, et dont l'influence ne pouvait être balancée que
par celle du chef de la faction opposée, le seigneur du
manoir, M. Mowbray de Saint-Ronan, appelé aussi le
Squire (1) par la compagnie.

Le rang et la fortune de la dame, ses prétentions
à la beauté comme aux talens, quoique ses charmes
fussent déjà un peu flétris, l'importance qu'elle s'ar-
rogeait, comme femme à la mode, était un talisman
qui réunissait autour d'elle des peintres, des poètes,
des philosophes, des savans, des professeurs de so-

(1) Terme à peu près synonyme de *laird*, le seigneur de l'endroit, etc. Nous avons déjà expliqué ailleurs pourquoi ce mot de
Squire nous semble devoir être importé en français aussi-bien
que celui de laird. Voyez les notes de *Waverley*, tome 1er. —
Éd.

ciétés littéraires, des aventuriers étrangers, *et hoc genus omne.*

Au contraire, l'influence du Squire de Saint-Ronan, comme propriétaire et noble du pays, entretenant une meute et parlant au moins de chevaux de chasse et de chevaux de course, lui assurait l'appui de tous les gentilshommes chasseurs de renards des trois comtés voisins. Avait-il besoin d'une séduction de plus, il pouvait leur accorder le privilège de chasser dans ses marais, ce qui a suffi, dans tous les temps, pour faire tourner la tête d'un jeune Écossais. Il était depuis peu soutenu dans sa prééminence par une alliance intime contractée avec sir Bingo Bingks, sage baronnet anglais, qui honteux, comme bien des gens le pensaient, de retourner dans son pays, s'était fixé à la source de Saint-Ronan, pour y jouir du bonheur que l'hymen calédonien lui avait charitablement assuré malgré lui en le rendant époux de miss Rachel Bonnyrigg. Comme il avait une diligence, qui ne différait de la malle-poste royale qu'en ce qu'elle versait encore plus souvent, il avait sur certaine classe un crédit irrésistible, et le Squire de Saint-Ronan, le plus adroit des deux, réussit à profiter de tous les avantages de son amitié.

Les forces de ces deux factions se balançaient si également, que souvent c'était le cours du soleil qui décidait laquelle aurait une influence prédominante. Ainsi pendant la matinée, et jusqu'à l'heure du dîner, lady Pénélope conduisait son troupeau dans les champs pour visiter les ruines de quelque monument antique, pour faire un *luncheon* (1) en pique-nique sur l'herbe, pour

_____

(1) Second déjeuner. — ÉD.

gâter de bon papier en y traçant de mauvais dessins, et pour estropier de bons vers par une mauvaise déclamation, en un mot,

Pour rimer, déclamer, faire mille folies.

A cette époque de la journée l'empire de lady Pénélope sur tous les oisifs semblait absolu et sans bornes. Tous étaient comme entraînés par un tourbillon dont elle était le centre et le pivot. Les chasseurs, les buveurs se joignaient même quelquefois à son cortège, quoiqu'ils semblassent ne la suivre qu'avec répugnance, d'un air sombre, ne rompant le silence que pour railler, ridiculisant ses grands airs, et faisant rire les nymphes, plus jeunes que la déesse, quand elles auraient dû prendre l'air sentimental.

Mais après le dîner la scène changeait, et les plus doux sourires, les plus obligeantes invitations de milady échouaient souvent quand il s'agissait de décider la partie neutre de la société à se lever de table pour aller prendre le thé dans le salon. Sa compagnie se réduisait alors à ceux que l'état de leur santé ou de leurs finances forçait à quitter de bonne heure la salle où l'on avait dîné, et à ses affidés plus intimes. La fidélité de ces derniers n'était pas même toujours inébranlable. Le poète lauréat de milady, au profit duquel elle sollicitait une souscription de chaque nouveau venu, se sentit un jour assez indépendant pour chanter, à souper, en présence de Sa Seigneurie, une chanson d'un sens très-équivoque, et son premier peintre, qui s'occupait à lui faire des vignettes pour les *Amours des plantes* (1),

(1) De Darwin, poete à qui Delille a beaucoup emprunté, et qui était alors fort à la mode. — ÉD.

puisa une autre fois tant de courage dans la bouteille,
que lady Pénélope s'avisant, selon sa coutume, de faire
une observation critique sur un de ses dessins, non-
seulement il contredit hautement son jugement, mais il
alla même jusqu'à murmurer quelques mots sur le
droit qu'il avait d'être traité en homme comme il faut.

Ces deux querelles occupèrent le comité d'administration, qui intercéda le lendemain pour les coupables
repentans, et qui obtint leur rétablissement dans les
bonnes graces de lady Pénélope, à des conditions fort
modérées. Divers autres actes de prudence et d'autorité
tempérèrent l'animosité des factions, et assurèrent le
repos des buveurs d'eau minérale. Ce sage gouvernement était si nécessaire à la prospérité du nouveau village, que sans cela il est probable que la source de
Saint-Ronan serait retombée bien vite dans sa première
obscurité. Nous devons donc tracer une légère esquisse
de ce comité que les deux factions rivales, dans un élan
d'abnégation personnelle, avaient investi du pouvoir
suprême. Chaque membre, comme les hommes dont
Fortunio compose sa suite dans le conte de Fée, devait
son élection à une qualité particulière. Le premier sur
la liste était L'HOMME DE LA MÉDECINE, le docteur
Quentin Quackleben, réclamant le droit de prononcer
sur toutes les questions médicales des eaux minérales,
sans doute d'après le principe, admis autrefois, qui accordait la propriété d'un pays nouvellement découvert
au premier flibustier qui commettait un acte de piraterie
sur ses côtes. Chacun reconnaissant le mérite qu'avait
le docteur d'avoir été le premier à proclamer la vertu de
cette source bienfaisante, il avait été élu, d'une voix
unanime, médecin en chef des eaux, et déclaré savant

par acclamation. Il pouvait prouver les droits qu'il avait à ce titre par les plus profondes dissertations sur tous les sujets, depuis la méthode de cuire un œuf à la coque jusqu'à celle de faire un cours. Il était véritablement, comme bien des hommes de sa profession, en état de présenter à un malade affligé de dyspepsie le poison et l'antidote, car il aurait pu disputer la palme de la science gastronomique au docteur Redgill lui-même, ou à tout autre digne médecin qui a écrit pour le bénéfice de la cuisine, sans en excepter le docteur Moncrieff de Tippermalloch, feu le docteur Hunter d'York, et même le docteur Kitchiner de Londres (1). Mais la cumulation des emplois excite toujours l'envie, et le docteur laissant le soin de découper les mets et de servir les convives à L'HOMME DE GOUT, qui occupait d'office le haut bout de la table, ne se réserva que le privilège de critiquer de temps en temps, et le talent de faire honneur aux mets les plus friands qu'on servait sur la table. Pour terminer l'esquisse du savant docteur nous n'avons plus qu'à informer nos lecteurs que c'était un grand homme sec, avec de gros sourcils, et une perruque noire mal peignée, toujours placée de côté. Il passait neuf mois sur douze aux eaux de Saint-Ronan, et l'on supposait que ses finances s'en trouvaient assez bien, d'autant plus qu'il jouait le *whist* en perfection.

Le premier, parmi les membres du comité, par la place qu'il occupait à table, mais peut-être au-dessous du docteur, en autorité réelle, M. Winterblossom, était un homme qui se distinguait par sa civilité comme par la précision de ses paroles. Il portait ses cheveux en

(1) Auteurs gastronomiques. — ÉD.

queue, et mettait de la poudre. Ses boucles de jarre-
tières étaient garnies en pierres de Bristol, et il avait au
doigt une bague à cachet, aussi large que celle de sir
John Falstaff. Il avait eu, dans sa jeunesse, une petite
fortune qu'il avait dissipée, en homme de bonne compagnie, en vivant dans le grand monde. On pouvait
le regarder comme un anneau qui rattachait la chaîne
des fats de nos jours à celle des fats du siècle précédent, et il pouvait comparer par expérience les folies
des uns avec celles des autres. A un âge plus avancé il
avait eu assez de bon sens pour se retirer de la carrière
de la dissipation, où il avait perdu, en grande partie,
sa santé et sa fortune.

Il lui restait une modique rente viagère, et il avait
trouvé le moyen de concilier son goût pour la société
et pour les bons repas avec ses principes d'économie, en
se chargeant du rôle de président perpétuel de la table
d'hôte de la source de Saint-Ronan. Il avait coutume
d'y amuser la compagnie en racontant des anecdotes de
Garrik, de Foote, de Bonnel Thornton, et de lord
Kellie, et en donnant son opinion sur toutes les ma-
tières qui sont du ressort de ce qu'on appelle un connaisseur. Très-habile dans l'art de découper, il savait
servir à chaque convive le morceau auquel il avait
droit, et il ne manquait jamais de se réserver celui qu'il
préférait, comme récompense de ses travaux. Nous devons dire aussi qu'il n'était pas sans goût dans les beaux-
arts, principalement en musique et en peinture; mais
ce goût était sec et technique, et n'était pas celui qui
échauffe le cœur et qui élève l'esprit. Nous conviend-
drons même qu'on ne remarquait en M. Winterblossom, rien qui indiquât le chaleur de l'ame et l'élévation

des sentimens. C'était un égoïste adroit et sensuel; mais il réussissait à dissimuler cette dernière *qualité* sous un vernis spécieux de complaisance. Cependant, au milieu de ses efforts constans pour faire les honneurs de la table avec tous les apprêts de la cérémonie la plus pointilleuse, on aurait pu remarquer qu'il ne songeait jamais aux besoins des autres qu'après s'être assuré que les siens seraient complètement satisfaits.

M. Winterblossom était aussi connu pour posséder quelques gravures curieuses et d'autres objets appartenant aux beaux-arts. En les exposant à la vue de ses amis, il bannissait l'ennui qui aurait pu se glisser parmi eux pendant une matinée pluvieuse. Il avait fait cette collection, *viis et modis*, comme le disait L'HOMME DE LOI, autre membre distingué du comité, en adressant un coup d'œil d'intelligence à son voisin.

Nous avons peu de choses à dire de ce personnage. C'était un vieillard nommé Micklewham, homme à taille épaisse, à grosse voix, à visage écarlate, et procureur de province, qui faisait les affaires du Squire de Saint-Ronan, au grand avantage de l'un ou de l'autre, sinon de tous deux. Son nez très-saillant aurait pu être comparé à l'aiguille contournée d'un vieux cadran solaire. Il était aussi intolérant et aussi absolu dans ses opinions que s'il eût suivi la profession militaire. C'était lui qui avait dressé tous les actes qui avaient été nécessaires pour le morcellement du terrain environnant la source, cause de tant de regrets pour Meg Dods, afin d'y établir des maisons, des jardins et des enclos. Enfin il était au mieux avec le docteur Quackleben, qui le recommandait à tous ses malades quand ils voulaient faire leur testament.

Après l'homme de loi venait le capitaine Hector Mac Turk, né dans les montagnes d'Écosse, et depuis bien long-temps capitaine à demi-solde. Il préférait au vin le *toddy* le plus fort (1), et il avalait tous les jours de cette manière la plus grande partie d'une bouteille de whisky, dont il buvait le reste au naturel. On le nommait L'HOMME DE PAIX, d'après le même principe qui fait nommer officiers de paix les satellites de police de Bow-Street ou d'ailleurs, qu'on voit figurer dans toutes les scènes de désordre et de tumulte, c'est-à-dire parce que sa valeur forçait les autres à se conduire avec discrétion. Il était l'arbitre général de toutes ces querelles qui meurent en naissant, et si fréquentes dans de semblables lieux, éclatant le soir avec tant de promptitude, et arrangées si paisiblement le lendemain matin. Il allait quelquefois jusqu'à s'en faire une lui-même pour débarrasser la compagnie de quelque individu qui aurait pu y semer la discorde. Les soins dont le capitaine Mac Turk se chargeait à cet égard faisaient qu'il était généralement respecté. C'était un homme toujours prêt à se battre, n'importe contre qui. On ne pouvait trouver aucun prétexte pour refuser d'accepter un cartel de sa part, et l'on courait un vrai danger dans un duel avec lui, car il montrait de temps en temps qu'il était en état de moucher une chandelle avec la balle d'un pistolet. Enfin un duel avec lui ne pouvait procurer ni honneur ni renommée à son antagoniste. Il portait toujours un habit bleu à collet rouge, avait une fierté taciturne, mangeait des poireaux avec son fromage, et ressemblait, pour le teint, à un hareng pec de Hollande.

(1) Espèce de punch fait avec du whisky. — ÉD

Il reste encore à mentionner l'homme de religion, le doux et révérend M. Simon Chatterly, arrivé aux eaux de Saint-Ronan des bords du Cam ou de l'Isis (1), et qui se piquait d'abord de savoir parfaitement le grec, et ensuite d'être d'une politesse achevée avec les dames. Pendant les six premiers jours de la semaine, comme Meg Dods l'avait dit à Tyrrel, il prenait place à une table de whist, ou figurait dans une contredanse, suivant que ses services pouvaient être agréables à une douairière ou à une jeune demoiselle; le dimanche il faisait la prière dans la salle commune, en présence de tous ceux qui voulaient y assister. Il savait aussi proposer des charades et deviner des énigmes; il jouait passablement de la flûte, et il avait été le principal coadjuteur de M. Winterblossom pour pratiquer ces sentiers pittoresques qui, semblables aux lignes de zigzag par lesquelles on réunit les parallèles dans les fortifications, aboutissaient au sommet de la montagne derrière l'hôtel, et d'où l'on jouissait d'un superbe point de vue, en cherchant pas à pas l'angle heureux qui permet à un homme d'offrir le bras à une dame, et à celle-ci de l'accepter, sans qu'on puisse y trouver à redire.

Il y avait encore un autre membre de ce comité choisi, M. Michel Meredith, l'homme de joie, ou, si vous le voulez, le Jack Pudding (2) de la compagnie, car son emploi était de faire les meilleures chansons. Malheureusement ce fonctionnaire était alors absent de Saint-Ronan; car, oubliant qu'il ne portait pas le costume privilégié de sa profession, il s'était permis de

---

(1) Rivières de Cambridge et d'Oxford. — Éd.
(2) Le Jean Farine, le bouffon. — Éd.

faire sur le capitaine Mac Turk quelques plaisanteries
,qui avaient blessé l'homme de paix tellement au vif,
que M. Meredith avait éprouvé tout à coup le besoin
d'aller prendre le lait de chèvre à dix milles de distance, et il y attendait, dans une retraite prudente, que
cette affaire fût arrangée par l'intervention de ses confrères du comité.

Tels étaient les honorables personnages à la tête des
affaires de cette colonie naissante, et qui les dirigeaient
avec autant d'impartialité qu'on pouvait en attendre.
Ce n'était pas qu'ils n'eussent leurs prédilections secrètes ; car le procureur et le capitaine penchaient fortement pour le parti du Squire de Saint-Ronan, tandis
que M. Winterblossom, le ministre et M. Meredith
étaient plus dévoués aux intérêts de lady Pénélope; de
sorte qu'il n'y avait que le docteur Quackleben, qui se
souvenant sans doute que les hommes sont attaqués de
maladies causées par la plénitude de l'estomac, comme
les dames le sont de maux occasionés par la délicatesse
de leurs nerfs, conservât de fait, comme en apparence,
la plus stricte neutralité. Quoi qu'il en soit, ce respectable sénat prenait fort à cœur les intérêts de l'établissement, et chacun des membres qui le composaient
sentant que son plaisir ou son intérêt personnel exigeait qu'il fût maintenu, ils ne permettaient pas à leurs
affections particulières de nuire à l'exécution de leurs
devoirs publics, et ils concouraient, chacun dans sa
sphère, au bien général de la communauté.

CHAPITRE IV.

L'INVITATION.

« C'est ainsi que le peintre a révélé son nom. »

PRIOR.

LE tumulte qui règne quand on dessert une table d'hôte s'était apaisé. Le bruit des assiettes, des couteaux et des fourchettes qu'on enlevait; le tapage de domestiques maladroits d'une auberge de village, se marchant sur les pieds les uns des autres, et se heurtant en voulant passer trois de front par une porte étroite; le cliquetis de verres renversés par trop d'empressement; les cris de l'hôtesse; les juremens à voix basse mais énergiques de l'hôte : tout cela avait cessé de se faire entendre; et les personnes de la compagnie qui avaient des domestiques à eux, avaient reçu de leurs

Ganimèdes particuliers les restes de leurs boutcilles de vin, d'eau-de-vie, etc., etc., en tant que les susdits Ganimèdes ne les avaient pas préalablement vidées; tandis que les autres convives, exercés à la patience par M. Winterblossom, attendaient tranquillement que les commissions ordinaires et multipliées que le digne président donnait à une jeune fille dégourdie et à un lourdaud de garçon, tous deux domestiques de l'auberge, eussent été exécutées, car il ne leur permettait de s'occuper des autres, comme le dit l'hymne,

Que lorsque ses besoins étaient tous satisfaits.

— Allons, Dina, disait M. Winterblossom, ma bouteille de *sherry*; placez-la ici, Dina. — Voilà une bonne fille! — Et vous, Toby, allez me chercher un pot d'eau chaude. Ayez soin qu'elle soit bouillante, et n'en répandez pas sur lady Pénélope, si vous le pouvez.

— Non, dit le Squire, car Sa Seigneurie a déjà été échaudée aujourd'hui (1); sarcasme auquel lady Pénélope ne répondit que par un regard de mépris.

— Eh! Dina! apportez le sucre; le sucre si doux des Indes orientales. — Et un citron, Dina, un de ceux qui sont arrivés aujourd'hui. — Allez le chercher, Toby, et ne vous laissez pas tomber sur l'escalier en l'apportant, si vous le pouvez. — Eh bien, Dina! où allez-vous donc? Mettez un coussin derrière mon dos, ma bonne fille, et n'oubliez pas le gingembre et la muscade. — Un moment, Dina; mettez un tabouret sous mes pieds. —

(1) Proverbe anglais signifiant qu'on a éprouvé quelque contrariété, qu'on a de l'humeur — Tr.

Mon orteil se trouve mal, milady, de la promenade que j'ai faite avec vous ce matin jusqu'au haut du Belvédère.

— Milady peut donner à cette montagne tel nom qu'il lui plaira dans la conversation, dit le procureur; mais sur papier timbré, elle se nommera toujours Munt-Gruntzie, comme le prouvent maints documens et toutes les anciennes chartres.

— Dina, continua le président, ramassez mon mouchoir. — Donnez-moi du biscuit, Dina, et... et... Il me semble que je n'ai plus besoin de rien. Ayez soin de servir la compagnie, ma bonne fille. — J'ai l'honneur de boire à la santé de toute la compagnie. — Milady me fera-t-elle l'honneur d'accepter un verre de négus (1)? C'est le fils du vieux Dartineuf qui m'a appris à le faire. Il se servait toujours de sucre des Indes orientales, et il y ajoutait habituellement un tamarin, ce qui en relève encore la saveur. — Dina, demandez à votre père s'il a des tamarins. — Dartineuf connaissait les bonnes choses aussi bien que son père. Je l'ai rencontré à Bath dans l'année... attendez... Garrick quittait alors le théâtre; c'était en... etc. — Et qu'est-ce que cela, Dina? demanda-t-il à la jeune servante qui lui présentait un papier.

— C'est quelque chose que vient d'apporter Nelly Trotter. — (Nelly la Trotteuse, comme l'appelait la compagnie), et c'est l'ouvrage de quelqu'un logé chez la femme (car c'était ainsi que l'impertinente désignait la misérable mistress Marguerite Dods) qui tient l'auberge du *Croc*. Ce nom injurieux avait été donné à la

(1) Espèce de limonade au vin. — Tr.

modeste auberge à cause de l'usage que le saint de l'enseigne faisait de sa crosse épiscopale.

— Oui-da, Dina, dit M. Winterblossom en prenant ses lunettes, dont il essuya soigneusement les verres avant de dérouler le papier; c'est quelque croûte sans doute, ouvrage d'un enfant que papa et maman voudraient faire entrer à l'école gratuite de dessin, et qui me font relancer ici pour tâcher d'obtenir cette faveur par mon crédit. Mais mon crédit est épuisé, mon enfant; j'y ai fait recevoir trois jeunes gens l'hiver dernier, et je n'y aurais pas réussi si je n'étais ami intime du secrétaire, qui me demande mon opinion de temps en temps. — Eh mais! que diable est ceci? — une croûte, disais-je? — il y a de la vigueur et de la méthode dans ce coup de crayon. — Qui diable peut avoir fait ce dessin? — Voyez seulement ce ciel, milady; sur ma foi, c'est vraiment un bon morceau, un excellent morceau! — Mais encore une fois, qui peut en être l'auteur? comment est-il tombé sur le fumier de ce vieux village? comment loge-t-il chez cette aboyeuse (1), mille pardons, milady, qui y a son chenil?

— Je gagerais, milady, dit une petite miss de quatorze ans, dont les yeux devenaient de plus en plus ronds, et les joues de plus en plus rouges, à mesure qu'elle s'apercevait qu'elle parlait et que tant de monde l'écoutait; je gagerais que c'est lui que nous avons rencontré un jour en nous promenant dans le Low-Wood. Il avait l'air d'un homme comme il faut, quoiqu'il ne

---

(1) *Bitch.* On sait quelle horreur le mot *chien* au féminin inspire à une dame anglaise, qui écoute sans rougir au spectacle les pièces de Shakspeare et de Congrève. — Éd.

fût pas de votre compagnie; et vous avez dit que c'était
un joli homme.

— Je n'ai pas dit qu'il fût joli homme, Maria, répondit lady Pénélope; jamais une dame ne dit d'un
homme qu'il est joli. J'ai seulement dit qu'il avait l'air
intéressant et bien né.

— Et c'est, milady, dit le jeune ministre en faisant
une révérence et en souriant, c'est ce que toute la compagnie regardera comme le compliment le plus flatteur.
Nous allons tous être jaloux de l'inconnu.

— Mais, continua la douce et communicative Maria
avec une simplicité partie réelle, partie affectée, Votre
Seigneurie n'a pas une bonne mémoire, car vous m'avez
dit l'instant d'après que ce n'était sûrement pas un
homme bien né, puisqu'il ne s'était pas arrêté pour
ramasser votre gant, que vous aviez laissé tomber; de
sorte que je fus obligée de retourner sur mes pas pour
l'aller chercher, et il ne songea seulement pas à m'é-
viter la peine de me baisser. Je l'ai vu de plus près que
Votre Seigneurie, et je puis vous assurer que c'est un
très-bel homme, quoiqu'il ne soit pas très-poli.

— Vous parlez trop, et trop haut, miss, dit lady
Pénélope; — et un rouge naturel rehaussa la *nuance* de
celui qui fardait ordinairement ses joues.

— Que dites-vous de cela, Mowbray? dit l'élégant
sir Bingo Binks.

— C'est un défi, sir Bingo, répondit le Squire.
Quand une dame jette le gant, un homme peut jeter le
mouchoir.

— J'ai le bonheur de vous entendre toujours donner
à mes paroles et à mes actions l'interprétation la plus
favorable, M. Mowbray, dit la dame avec dignité. Je

suppose que miss Maria a imaginé cette jolie histoire
pour vous amuser. Je ne sais comment je pourrais me
justifier auprès de mistress Diggs de l'avoir amenée dans
une société où on l'encourage à se conduire de la sorte.

— Allons, allons, milady, dit le président, passez sur
cette plaisanterie ; et, puisque cette esquisse est véritablement un petit chef-d'œuvre, faites-nous l'honneur
de nous donner votre opinion sur la question de savoir si nous pouvons, sans blesser les convenances,
faire quelques avances à cet homme.

— Mon opinion, dit lady Pénélope, colorée encore
du rouge de l'indignation, c'est qu'il y a déjà assez
d'hommes parmi nous. Je voudrais pouvoir dire d'hommes comme il faut ; mais de la manière dont ils s'y con-
duisent, je ne vois pas ce que les dames ont à faire à
Saint-Ronan.

L'effet de cette insinuation était toujours de ramener
le Squire au ton de la bonne compagnie, qu'il savait
fort bien prendre quand cela lui plaisait. Grace à quelques complimens flatteurs, il rendit à lady Pénélope sa
bonne humeur, et elle finit par lui dire en souriant
qu'elle ne pouvait se fier à lui, à moins qu'il n'amenât
sa sœur pour caution de sa politesse future.

— Milady, répondit Mowbray, Clara est un peu volontaire, et je crois qu'il faut que vous preniez la peine
d'aller la relancer vous-même. Que dites-vous d'une
excursion à l'improviste dans ma vieille boutique ? C'est
une maison de garçon, il ne faut pas vous attendre à y
trouver beaucoup d'ordre ; mais Clara se fera un honneur...

Lady Pénélope accepta avec empressement une proposition qui lui promettait une sorte de partie de plaisir,

et, complètement réconciliée avec Mowbray, elle lui demanda si elle pourrait amener avec elle l'artiste étranger, pourvu que ce soit un homme comme il faut, ajouta-t-elle en regardant Dina.

— Ah! il n'y a pas à en douter, dit Dina, et qui plus est c'est un poète *illustré.*

— Un poète *illustré,* Dina! s'écria lady Pénélope; vous voulez dire un poète illustre.

— Je crois que Votre Seigneurie a raison, répondit Dina en faisant sa petite révérence.

Un murmure joyeux, mais annonçant l'impatience et la curiosité, se fit entendre parmi la faction des bas-bleus (1), et le reste de la société ne fut pas tout-à-fait indifférent à cette nouvelle. Les uns appartenaient à cette classe qui, comme le jeune Ascagne, ne cesse de courir après un lion pour relancer plus souvent un grand sot (2); et les autres, ayant laissé chez eux leurs affaires ordinaires et tout ce qui pouvait les intéresser, n'étaient pas fâchés de donner quelque importance à l'incident le plus trivial — Un poète illustre! dit un des convives, et qui pourrait-ce donc être? — On cita tous les noms des poètes connus; on fit la revue de toute la Grande-Bretagne, depuis les montagnes d'É-

(1) On appelle *bas-bleus,* en Angleterre, les précieuses ridicules de la littérature, les *femmes savantes,* etc. — Tr.

(2) Il y a dans le texte *bore,* un sot, un fâcheux; mais *bore* se prononce comme *boar,* sanglier. Jeu de mots intraduisible. L'auteur y trouve l'occasion de la note suivante :

« Ascagne désirait autant l'un que l'autre.
Optat aprum aut fuluum descendere monte leonem.

Les Troyens modernes font une grande différence entre le *lion* et le *bore* (le sot.) » — Éd.

cosse jusqu'aux lacs de Cumberland ; depuis Sydenham-
Common jusqu'à Saint-James-Place. On alla même
jusqu'aux rives du Bosphore (1) pour voir s'il ne s'y
trouverait pas quelque nom à qui cette épithète glo-
rieuse pût s'appliquer. — Mais joindre le talent d'un
habile dessinateur à celui d'un poète illustre! — Qui
pourrait-ce donc être? — Et ceux des convives qui n'a-
vaient pas une idée à eux à suggérer, répétèrent en
chœur : — Qui pourrait-ce donc être?

Les membres du club de Bordeaux, qui étaient les
plus fermes adhérens du laird de Saint-Ronan et du
baronnet, gens qui se seraient crus déshonorés s'ils
avaient gardé pour le repas du lendemain un reste de
bouteille du dîner de la veille, quelque peu de goût
qu'ils eussent pour la littérature et les arts, trouvèrent
pourtant aussi dans cet inconnu de quoi éveiller en
eux quelque intérêt.

— Sir Bingo, dit Mowbray, je suis sûr que c'est ce
jeune homme que nous avons rencontré samedi dernier
près de la petite rivière de Willow-Slack. Il était vêtu
tout-à-fait sans façon, et je l'ai vu jeter dans l'eau,
d'une seule main, plus de six toises de ligne. L'appât
tomba aussi légèrement que l'aurait fait une plume.

— Uich! répondit le baronnet avec l'accent d'un
chien que son collier étrangle.

— Et vous vous rappelez sans doute que nous l'avons
vu tirer de l'eau un saumon, un superbe poisson : j'ose
dire qu'il pesait bien dix-huit livres.

— Seize, dit sir Bingo du même ton de strangu-
lation.

_____

(1) Lord Byron était alors en Turquie. — Éd.

— Pas de plaisanterie, Bingo : il était plus près de dix-huit que de seize.

— Plus près de seize, de par...

— Oseriez-vous parier une douzaine de flacons à vider avec toute la compagnie?

— Non, Dieu me damne! A vider dans notre club...

— Eh bien, je dis fait!

— Soit, fait!

Et chacun d'eux prit son porte-feuille de maroquin rouge, pour y inscrire la gageure.

— Mais qui décidera la gageure? demanda Mowbray. Ce sera ce grand génie lui-même, sans doute. J'entends qu'on parle de l'inviter à venir ici; mais je doute qu'il se soucie de pareils originaux.

— Je lui écrirai moi-même, John.

— Vous! vous, écrire! Du diable si vous le faites! Vous n'en ferez rien.

— Je le ferai, grommela sir Bingo d'une voix mieux articulée que de coutume.

— Mais vous n'en êtes pas en état. Vous n'avez pas écrit deux lignes en toute votre vie, excepté celles qui vous ont valu le fouet à l'école.

— Je puis écrire. J'écrirai. Deux contre un que j'écrirai.

L'affaire en resta là, car toute la compagnie était occupée d'une discussion importante; il s'agissait de déterminer quel était le moyen le plus convenable à employer pour ouvrir une communication avec le mystérieux étranger; et la voix de M. Winterblossom, belle autrefois, mais que l'âge avait réduite au fausset, faisait entendre les mots : — A l'ordre! à l'ordre! Nos deux interlocuteurs furent obligés de rester en silence, les coudes appuyés sur la table , montrant, en bâillant et en toussant, le peu d'intérêt qu'ils prenaient à la consultation, tandis que le reste de la société y mettait autant de chaleur que si c'eût été une question de vie ou de mort.

— Une visite par un de ces messieurs; par M. Winterblossom, par exemple, s'il voulait bien s'en donner la peine, — au nom de toute la compagnie, serait un préliminaire indispensable à une invitation, dit lady Pénélope.

M. Winterblossom était tout-à-fait de l'avis de Sa Seigneurie. Il se serait fait un plaisir d'être le représentant de la société réunie aux eaux de Saint-Ronan ; mais pour aller à l'ancien village il y avait une montagne à gravir, et son tyran, la goutte, comme Sa Seigneurie le savait, l'attendait sur les frontières. Il se trouvait dans la compagnie d'hommes plus jeunes, plus dignes de voler pour exécuter les ordres de Vénus, qu'un vieux Vulcain comme lui : il y avait le vaillant Mars, l'éloquent Mercure.

En parlant ainsi, il salua le capitaine Mac Turk et le révérend M. Chatterly; et, s'appuyant sur un fauteuil, huma quelques gorgées de son négus avec l'air satisfait d'un homme qui, grace à quelques belles phrases, s'est débarrassé d'une commission peu agréable. En même temps, et probablement par distraction, il mit en poche le dessin qui, après avoir fait le tour de la table, était revenu au point de départ, c'est-à-dire entre les mains du président.

— Milady, de par Dieu! dit le capitaine Mac Turk, je me ferais gloire d'être chargé d'une mission par Votre Seigneurie; mais, de par Dieu, jamais je ne vais rendre

la première visite à un homme qui ne m'en a pas d'a-
bord fait une lui-même, à moins que ce ne soit pour
lui porter, de la part d'un ami, un message en forme
de cartel, ou quelque autre chose semblable.

— Au diable le vieux connaisseur! dit le squire au
baronnet; le voilà qui empoche le dessin.

— Eh bien, John, ferme sur les étriers, la lance en
avant contre lui.

— Grand merci, Bingo; mais il n'y a pas de quoi.
Winterblossom est des nôtres; il en a été du moins, et
il est encore alerte à la parade. Il a encore la visière
juste, et il toucherait le blanc à vingt pas. Mais silence!
les voilà qui entreprennent le ministre.

Effectivement, chacun s'empressait d'engager M. Chatterly à se charger de la visite à rendre au génie inconnu. Mais quoiqu'il sourît de la manière la plus
agréable, et qu'il lui fût absolument impossible de prononcer un refus positif, il supplia avec toute humilité
qu'on le dispensât de faire cette démarche. — La vérité
est, dit-il, qu'ayant été un jour voir les ruines du
château de Saint-Ronan, et me trouvant échauffé par
cette course, je frappai à la porte de ce cabaret (mot
qu'il prononça avec un accent de dégoût et de mépris),
et je demandai qu'on me donnât un verre de sirop de
capillaire ou quelque autre breuvage rafraîchissant;
mais à peine avais-je exprimé mes désirs qu'une fenêtre
s'ouvrit tout à coup, et, avant que j'eusse le temps de
lever la tête, je me sentis inondé d'un déluge d'eau
(telle fut du moins l'expression qu'il employa), tandis
que la voix aigre d'une vieille sorcière me criait que si
cette douche ne suffisait pas pour me rafraîchir, elle
m'en donnerait une autre; avis qui me porta à me reti-

7.

rer avec précipitation, pour ne pas m'exposer à une
seconde douche.

On rit d'autant plus aux dépens du ministre, que la
relation de son infortune paraissait lui avoir été arrachée malgré lui, par la nécessité de trouver quelque
excuse suffisante pour se dispenser d'exécuter les ordres
d'une dame. Mais le squire et le baronnet prolongèrent
leurs éclats de rire plus long-temps que le décorum ne
le permettait, s'appuyant sur le dossier de leur chaise,
les mains dans leurs goussets et la bouche ouverte par
cet accès d'hiralité, tandis que le pauvre ministre,
déconcerté, se rendit encore, en voulant prendre un
air méprisant, l'objet de la risée générale.

Quand M. Winterblossom eut réussi à rétablir l'ordre
jusqu'à un certain point, il vit que la relation de
M. Chatterly, tout en amusant la société, l'avait aussi
intimidée. Il ne s'y trouva personne qui voulût aller
comme envoyé extraordinaire dans les domaines de la
reine Meg, qu'on soupçonnait de ne pas avoir un très-
grand respect pour le caractère sacré d'un ambassa-
deur. Mais ce qui était encore plus fâcheux, c'est que
lorsqu'il eut été résolu qu'au lieu de rendre une visite
personnelle à l'inconnu, M. Winterblossom lui ferait
une invitation par écrit, au nom de toute la compagnie, Dina assura qu'il n'y avait personne dans l'hôtel
qui voulût se charger de porter cette lettre; car deux
ans auparavant pareil événement ayant eu lieu, Meg,
regardant l'envoi d'une missive comme une tentative
pour débaucher une de ses pratiques, avait si bien fait
sentir au valet de charrue qui en était chargé la pe-
santeur de ses poings et le tranchant de ses ongles, qu'il
s'enfuit du pays et ne s'arrêta qu'à dix milles de dis-

tance, dans un village où il trouva une troupe de re-
cruteurs, et où il s'enrôla, aimant mieux faire face à
une compagnie de grenadiers français qu'à mistress Meg
Dods dans sa colère.

Pendant qu'on discutait sur cette nouvelle difficulté,
des clameurs se firent entendre sur l'escalier, et l'on ne
fut pas sans quelque crainte que la redoutable Meg ne
fût venue elle-même faire sur le territoire ennemi l'in-
vasion dont le sien était menacé. On apprit pourtant
bientôt que ce n'était que sa commère Nelly Trotter
ou Nelly la Trotteuse, qui cherchait à se frayer un
chemin, malgré l'opposition des valets et des servantes
de l'hôtel, pour aller réclamer la peinture de la mère
Dods, comme elle appelait le dessin. L'annonce d'un
pareil projet fit trembler le connaisseur, qui plaça une
main sur la poche dans laquelle il avait mis son trésor,
et qui, de l'autre, glissant une demi-couronne dans
celle de Toby, lui dit de la lui donner, et d'exercer
toute son influence sur elle pour l'empêcher d'entrer.
Toby, qui connaissait mieux le côté faible de Nelly,
confisqua la demi-couronne à son profit, et prit sur le
buffet un grand verre qu'il remplit de whisky. Armé de
cette manière, il se présenta hardiment devant elle, et
opposa à sa course un *rémora* auquel toute sa détermi-
nation n'aurait pu la rendre capable de résister. Non-
seulement il réussit ainsi à détourner l'orage qui mena-
çait de fondre sur la compagnie, et notamment sur
M. Winterblossom, mais il ne tarda même pas à rapporter l'agréable assurance que Nelly, quand elle aurait
dormi une couple d'heures dans la grange, se charge-
rait de tous les messages qu'on voudrait lui donner
pour l'inconnu logé dans le cabaret du vieux village,

M. Winterblossom ayant donné un caractère légal à la démarche qu'il allait faire, en mentionnant sur le registre du comité l'autorisation qu'il avait reçue, écrivit son invitation dans le style le plus fleuri de la diplomatie, et cacheta son billet du sceau de la société, sur lequel on avait gravé quelque chose qui n'était pas sans quelque ressemblance avec une nymphe assise près d'une urne.

Les deux factions rivales ne se fièrent pourtant pas entièrement à cette invitation officielle. Lady Pénélope pensa qu'il était indispensable de trouver quelque moyen pour informer l'étranger, homme à talens, sans contredit, qu'il existait dans la société dont il était engagé à faire partie des esprits d'élite qui se sentaient dignes d'aller l'interrompre dans sa solitude.

En conséquence Sa Seigneurie imposa à M. Chatterly la tâche d'exprimer en vers le désir qu'avait la compagnie de voir l'artiste inconnu. Mais la muse du pauvre ministre ne lui fut pas propice, car après une demi-heure de travail il ne put accoucher que de deux vers, que nous allons donner avec les variantes, le tout fidèlement copié sur son manuscrit, comme le docteur Johnson a imprimé les corrections faites par Pope dans sa traduction de l'Iliade.

1° *Jeunes filles*; 2° *dames* — *en ce jour nous prions*
Nymphes de Saint Ronan, nous nous réunissons.
1° *Berger*; 2° *homme*,
Pour prier l'homme habile à rimer, dessiner,
. . . . dîner.

A défaut des inspirations célestes d'une Muse, il fallut nécessairement avoir recours à l'éloquence d'un billet en prose, et ledit billet fut confié secrètement aux soins de Nelly la Trotteuse. La même fidèle émissaire, lorsqu'un somme l'eut reposée, et tandis qu'elle attelait sa rosse à sa charrette pour retourner dans le village où elle demeurait sur le bord de la mer (ce qu'elle ne pouvait faire sans passer par le vieux village de Saint-Ronan), reçut un autre billet écrit par sir Bingo Binks lui-même, suivant la menace qu'il en avait faite; embarras qu'il avait pris pour assurer la décision de la gageure, présumant qu'un homme de bonne mine, en état de jeter une ligne à plus de six toises avec tant d'aisance, pourrait regarder l'invitation de Winterblossom comme celle d'un vieux radoteur et ne se soucier guère davantage des bonnes graces d'une bas-bleu pleine d'affectation et de toute sa coterie, dont la conversation, suivant sir Bingo, — ne sentait que le thé et la tartine de beurre (1).— Ainsi l'heureux M. Tyrrel, à sa grande surprise, ne reçut pas moins de trois invitations partant de la source de Saint-Ronan.

(1) Expression qu'on retrouve dans le *Beppo* de lord Byron.
ÉD.

CHAPITRE V.

———

ÉLOQUENCE ÉPISTOLAIRE.

« Mais comment te répondre ? Il faut d'abord te lire. »
PRIOR.

Désirant rendre plus authentiques les faits les plus importans de notre narration en les appuyant d'autant de pièces originales qu'il nous sera possible, nous sommes parvenus, à force de recherches, à nous mettre à même de présenter à nos lecteurs une copie exacte des trois missives confiées aux soins de Nelly Trotter. Voici la teneur de la première.

« — Monsieur Winterblossom (de Silverhead) est chargé par lady Pénélope Penfeather, sir Bingo et lady Binks, monsieur et miss Mowbray (de Saint-Ronan), et toute la compagnie résidant à l'hôtel de la Tontine,

aux eaux de Saint-Ronan, d'exprimer leur espoir que
M. —, logé chez la nommée Meg Dods, dans l'ancien
village de Saint-Ronan, voudra bien les favoriser de sa
compagnie à la table-d'hôte, aussitôt et aussi souvent
que cela pourra lui être convenable. La compagnie juge
nécessaire de lui faire cette invitation formelle, parce
que, d'après les us et réglemens adoptés, on ne peut
être admis à la table-d'hôte sans loger à l'hôtel ; mais elle
sera charmée de faire une exception en faveur d'un talent aussi distingué que celui de M. — Si M. —, quand
il connaîtra mieux la compagnie qui se trouve dans
l'hôtel et les réglemens de l'établissement, éprouvait le
désir d'y fixer sa résidence, M. Winterblossom, sans
vouloir se compromettre par une assurance positive à
cet égard, est porté à espérer que, malgré le grand
nombre d'étrangers qui s'y rendent en ce moment, on
pourrait prendre des arrangemens pour procurer un
logement à M. —, dans la maison garnie de Lilliput-
Hall. M. — faciliterait considérablement cette négocia-
tion s'il voulait avoir la bonté de faire savoir à M. Winterblossom quelle est la mesure exacte de sa taille,
attendu que le capitaine Rannletree paraît disposé à
quitter l'appartement qu'il occupe à Lilliput-Hall, parce
qu'il trouve son lit trop court de quelques pouces.
M. Winterblossom prie M. — d'être convaincu de l'es-
time qu'il a conçue pour son génie, et d'agréer les
assurances de sa haute considération personnelle. »

*A M. —, Esq., auberge du Croc, vieux village de
Saint-Ronan.*

De la salle commune de la Tontine, à Saint-Ronan.

Ce billet (nous voulons être précis en tout ce qui

concerne l'écriture et l'orthographe) était écrit en ronde.
L'écriture en était bonne, et l'on y reconnaissait en
quelque sorte la main d'un clerc, quoiqu'elle annonçât
la même affectation qu'on remarquait dans le caractère
de M. Winterblossom.

Le second billet formait un contraste frappant avec
la gravité et l'exactitude diplomatique de celui qui pré-
cède. Les fleurs d'éloquence classique que le ministre
avait cueillies à l'université, y étaient mêlées avec quelques fleurs sauvages, écloses dans l'imagination féconde
de lady Pénélope.

« Le chœur des dryades et des naïades assemblées aux
eaux curatives de Saint-Ronan a appris avec surprise
qu'un jeune homme qu'Apollon, dans un moment de
prodigalité, a doué de deux de ses dons les plus précieux, erre au hasard dans leurs domaines, et visite
leurs bosquets et leurs ruisseaux sans avoir encore songé
à rendre hommage aux divinités tutélaires de ces lieux.
Il est donc sommé de comparaître en leur présence;
une prompte obéissance lui assurera le pardon ; mais en
cas de résistance, défenses lui sont faites de toucher
désormais le crayon ou la lyre.

« *P. S.* L'adorable Pénélope, que ses charmes et ses
vertus ont fait recevoir depuis long-temps au nombre
des déesses, donne le nectar et l'ambroisie, que les
mortels nomment du thé et des gâteaux, à l'hôtel de la
Tontine, près de la source sacrée, jeudi prochain à huit
heures du soir, et les Muses ne manquent jamais d'y
assister. L'étranger est invité à participer aux plaisirs
de la soirée.

« *Deuxième postscriptum.* Un berger ambitieux, voulant

se loger plus grandement, et n'étant pas content de l'humble chaumière qu'il occupe, la quitte dans un jour ou deux. Bien certainement

Le local est vacant ; on peut en disposer.

SHAKSPEARE. *Comme vous le voudrez.*

« *Troisième postscriptum.* Notre Iris à jupon de tartan, que les mortels connaissent sous le nom de Nelly la Trotteuse, nous rapportera la réponse que fera l'étranger à notre sommation céleste. »

Cette épître était en écriture italienne très-soignée, et elle se terminait par une lyre, une palette, et autres ornemens tracés à la plume et appropriés au contenu du billet.

La forme de la troisième lettre était différente des deux autres. L'écriture en était grosse, irrégulière, semblable à celle d'un écolier. On voyait pourtant qu'elle avait coûté autant de peines et de soins que si c'eût été un spécimen de la calligraphie la plus parfaite. En voici la copie.

« MOSIEU,

« Jack Moobray a gagé contre moi que le somont que vous avez tué samedi dernier pesait dix-huit livres. J'ai parié qu'il était plus près de cèze. Comme vous aites un chasseur, je m'en rapporte à vous. De sorte que j'espère que vous viendrez ou que vous m'écrirez. Ne doutez pas que vous nous ferez onneur. Le pari est une douzenne de bouteilles à boire en notre club à l'autel de la Tontine, lundi prochin. Nous vous prions d'y venir ; et Moobray espère que vous serez des nautres. Etant, Mosieu, votre très-humble serviteur.

« BINGO BINKS, *baronnet de Bloc-Hall.*

8

« *P. S.* Je vous envoie quelques amesons des Hindes, et des appâts préparés par mon valais. J'espère que vous en serez contant sur la riviaire. »

Trois jours se passèrent sans qu'on reçût aucune réponse à ces invitations, ce qui, bien loin de diminuer la curiosité que l'inconnu avait fait naître dans l'hôtel, ne fit que l'augmenter en secret, quoique chacun déclamât tout haut contre son manque de politesse et de savoir-vivre.

Cependant Frank Tyrrel, à sa grande surprise, commença à trouver, comme les philosophes, qu'il n'était jamais moins seul que lorsqu'il était seul. Dans les promenades les plus retirées et les plus silencieuses que la situation de son esprit le portait à choisir, il était sûr de rencontrer quelques rôdeurs venant de l'hôtel, pour lesquels il était devenu un objet de vif intérêt. Étant loin de penser qu'il fût lui-même la cheville ouvrière qui les mettait en mouvement, il fut presque tenté de croire que lady Pénélope et les jeunes filles qui formaient son cortège, M. Winterblossom et son petit cheval gris, le ministre, son habit noir et ses pantalons œil de corbeau, n'étaient que des copies polygraphiques des mêmes individus, à moins qu'ils ne fussent doués d'une célérité de mouvement qui les rendît susceptibles d'ubiquité, c'est-à-dire d'être présens partout en même temps; car il ne pouvait aller nulle part sans les trouver, et cela plusieurs fois dans le cours de la même journée. La présence de la douce Lycoris lui était annoncée par le doux babil qu'il entendait derrière une haie. Quand il se croyait dans le lieu le plus solitaire, la flûte du ministre se faisait entendre à quelques pas. Enfin s'il était sur le bord d'un ruisseau, la ligne à la main, il se voyait épié par sir Bingo ou quelqu'un de ses amis.

Les efforts qu'il fit pour échapper à cette persécution lui valurent le nom de misanthrope, qu'on lui donna à l'hôtel ; et, une fois marqué comme l'objet de la curiosité générale, celui qui pouvait, à la table d'hôte, donner des détails sur la manière dont le misanthrope avait employé sa matinée était sûr d'être écouté avec le plus d'attention. L'humeur en apparence sauvage de Tyrrel, bien loin de diminuer le désir qu'on avait de sa société, y donnait une nouvelle force, par la difficulté qu'on éprouvait à le satisfaire, de même que l'intérêt du pêcheur redouble quand il voit tourner autour de son hameçon une truite assez prudente pour hésiter à y mordre.

En un mot, tel était l'intérêt que l'imagination de toute la compagnie intriguée prenait au misanthrope, que, malgré les qualités peu aimables que ce mot exprime, il ne s'y trouvait qu'un seul individu qui ne désirât pas le voir prendre place à table pour pouvoir le considérer de plus près et à loisir. Les dames surtout ne cessaient de demander s'il était bien véritablement un misanthrope, s'il avait toujours été misanthrope, quelle cause pouvait l'avoir rendu misanthrope, et s'il n'existait pas quelque moyen pour le guérir de sa misanthropie.

Un seul individu, comme nous venons de le dire, ne se souciait nullement de faire plus ample connaissance avec le prétendu Timor du *Croc*, et c'était M. Mowbray de Saint-Ronan. Par le moyen d'un homme vénérable, John Pirner, tisserand de profession, mais de fait braconnier pêcheur, qui accompagnait ordinairement Tyr-

rel pour lui montrer les endroits les plus favorables à la
pêche et pour porter son panier, il avait appris que sir
Bingo avait mieux jugé que lui du poids du saumon.
Or c'était un objet qui intéressait son honneur comme
sa bourse; les conséquences en pouvaient même devenir
plus sérieuses. Il n'en résulterait peut-être rien moins
que l'émancipation de sir Bingo, qui l'avait jusqu'alors
suivi comme une ombre, mais qui, s'il se trouvait
triomphant, se fiant sur la supériorité de jugement
qu'il avait montrée pour un point si important, pourrait
vouloir voler de ses propres ailes, et peut-être même
exiger que le Squire, qui avait été jusqu'alors l'astre
central de tout le système, se bornât à faire ses évolu-
tions autour de lui sir Bingo Binks, en humble sa-
tellite.

Le Squire désirait donc ardemment que Tyrrel
persistât dans son humeur rétive afin que la gageure
restât indécise. Il éprouvait même une sorte d'éloignement pour un étranger qui, en pêchant un saumon
d'une livre ou deux trop léger, l'avait placé dans la position désagréable où il se trouvait. Il blâmait donc
ouvertement la bassesse de ceux qui voulaient encore
faire quelque attention à cet inconnu, et il citait les
trois lettres restées sans réponse comme un trait d'impertinence qui prouvait qu'on ne pouvait lui supposer
ni naissance ni éducation.

Mais quoique les apparences fussent contre lui, quoiqu'il fût vrai qu'il aimât naturellement la solitude, et
que le fracas et le ton affecté d'une telle compagnie ne
lui convînt nullement, il est aisé de justifier Tyrrel
du reproche d'impolitesse qu'on semblait lui faire avec
quelque raison, car jamais il n'avait reçu les lettres qui

exigeaient une réponse. Nelly Trotter, soit qu'elle crai-
gnît de se trouver en face de sa commère Meg, sans
pouvoir lui remettre le dessin qui lui avait été confié,
soit que le sommeil ou le whisky lui eussent fait oublier
la commission dont elle avait été chargée à l'hôtel, avait
conduit sa charrette, sans s'arrêter, jusqu'à son cher
village de Scate-Raw, d'où elle avait envoyé les lettres
par le premier manant à jambes nues qu'elle avait pu
trouver allant à Saint-Ronan. De sorte qu'enfin, mais
après un délai de quelques jours, elles arrivèrent à
l'auberge du *Croc*, entre les mains de Frank Tyrrel.

La lecture de ces missives lui expliqua en partie la
singulière conduite qui l'avait surpris dans ses voisins;
et, comme il vit qu'ils avaient conçu, n'importe comment, l'idée qu'il devait être une curiosité peu ordinaire, sentant qu'un tel rôle est aussi ridicule que
difficile à soutenir, il se hâta d'écrire à M. Winterblossom un billet conçu dans le style du commun des mortels. Il lui rendit compte du délai qu'avait éprouvé
la remise des lettres, il lui témoignait ses regrets de
n'avoir pu par conséquent lui répondre plus tôt, lui
annonçait qu'il avait dessein d'aller dîner le lendemain
avec la compagnie; ajoutait qu'il était fâché que l'état
de sa santé, celui de son esprit et les circonstances
dans lesquelles il se trouvait, ne lui permissent pas de
se promettre d'avoir souvent cet honneur pendant le
séjour qu'il comptait faire dans le pays, et le priait de
ne se mettre nullement en peine pour lui trouver un
appartement dans le village de la source, attendu qu'il
était très-satisfait de son logement actuel. Un billet particulier pour sir Bingo lui disait qu'il se trouvait heureux de pouvoir lui mander le poids exact du saumon,

attendu qu'il l'avait noté sur son journal. — Au diable
le drôle ! pensa le baronnet : de quoi se mêle-t-il de
tenir un journal ! — Il ajoutait que , quoique le résultat de cette vérification ne dût être particulièrement agréable qu'à l'une des parties, il souhaitait au
gagnant et au perdant beaucoup de plaisir en buvant le
vin de la gageure. Il regrettait de ne pouvoir se promettre d'en prendre sa part. A cette lettre était jointe
une note constatant le poids exact du poisson.

Armé de cette pièce, sir Bingo chanta victoire, ré-
clama le paiement de la gageure, vanta son jugement,
jura plus haut et plus intelligiblement qu'il ne l'avait
jamais fait; déclara que ce Tyrrel était un bon diable,
un brave garçon, et dit qu'il espérait faire plus ample
connaissance avec lui; tandis que le Squire, la tête
basse, maudissant tout bas l'étranger de tout son cœur,
ne trouva d'autre moyen pour réduire son compagnon
au silence que de convenir qu'il avait perdu, et de fixer
un jour pour boire le vin du pari.

Toute la compagnie examina ensuite, comme au mi-
croscope, la réponse de Tyrrel à M. Winterblossom,
chacun se creusant l'esprit pour trouver dans l'expression la plus simple et la plus ordinaire un sens profond et caché, qu'on ne pouvait découvrir sans réflexions. M. Micklewham, le procureur, appuya sur le
mot *circonstances*, qu'il lut avec une emphase particulière.

— Le pauvre diable! dit-il, il vit à meilleur marché
au coin du feu de la cuisine de Meg Dorts qu'il ne pourrait faire dans la présente société.

Le docteur Quackleben, comme un prédicateur qui
choisit dans son texte le mot sur lequel il croit devoir

insister, lut d'un ton bas et sourd les mots : *l'état de sa santé.* — Hum ! dit-il, l'état de sa santé ! Ce n'est pas une maladie aiguë ; non, il n'a fait venir aucun médecin. Il faut que ce soit une maladie chronique, une tendance à la goutte peut-être. Mais son éloignement pour la société, son œil égaré, sa marche irrégulière, son tressaillement quand il aperçoit un étranger, l'air d'humeur avec lequel il se détourne... M. Winterblossom, donnez-moi un ordre pour qu'on me remette tous les anciens journaux. Ce réglement qui veut qu'on les garde sous clef est véritablement très-incommode.

— Vous savez qu'il était nécessaire, docteur ; et il y a si peu de personnes, dans la bonne compagnie, qui lisent autre chose, que, sans cette précaution, il y a long-temps que tous les anciens journaux seraient perdus ou déchirés.

— Fort bien ; n'importe, donnez-moi l'ordre que je vous demande. Je me souviens d'y avoir vu, il y a quelque temps, un article relatif à un maniaque qui s'est soustrait à la surveillance de ses gardiens. Je veux revoir son signalement. Je crois que j'ai dans mon bagage un gilet de force.

Tandis que cette observation faisait pâlir une bonne partie de la société, qui ne se souciait guère de dîner avec un homme dont la situation paraissait si équivoque et si précaire, les jeunes demoiselles chuchotaient entre elles : — Pauvre jeune homme ! disaient elles ; s'il est véritablement ce que le docteur suppose, qui sait quelle peut en avoir été la cause? Il se plaint de *l'état de son esprit,* — pauvre jeune homme !

Ce fut ainsi qu'à force d'ingénieux commentaires sur un billet aussi simple qu'aucun de ceux qui ont ja-

mais couvert la huitième partie d'une feuille de papier
à lettre, M. Tyrrel se trouva tout à coup atteint et convaincu d'avoir perdu sa fortune, sa raison et son cœur,
en tout ou en partie, l'un ou l'autre, pour nous servir
du style laconique et élégant de nos lois.

En un mot, on dit tant de choses pour et contre,
on fit éclore tant de théories, on se livra à tant d'idées
si bizarres sur le caractère et les dispositions du misanthrope, que, lorsque les convives s'assemblèrent le
lendemain, suivant l'usage, dans le salon, un peu avant
l'heure du dîner, ils semblaient douter s'ils verraient
arriver le nouveau membre de leur société sur ses pieds
ou sur ses mains.

Mais quand Toby annonça M. Tyrrel, avec toute la
force de ses poumons, le jeune homme avait si peu de
chose qui le distinguât des autres, qu'on éprouva un
désappointement momentané. Les dames surtout commencèrent à douter que le composé de talens, de misanthropie, de folie et de sensibilité mentale, dont elles
s'étaient formé une idée, fût le même être que le jeune
homme bien vêtu et presque à la mode qui se présentait à leurs yeux. Car, quoiqu'il fût en négligé, ce que
rendaient excusable sa qualité de voyageur, la distance
à laquelle il était de son domicile, et la liberté qu'on
se permet dans les endroits où l'on va prendre les eaux,
on ne remarquait dans ses vêtemens rien qui sentît la
négligence ou la bizarrerie d'un misanthrope, quel que
pût être l'état de son cerveau.

Lorsqu'il salua à la ronde toute la compagnie, on eût
dit qu'il dessillait les yeux de tous ceux à qui il adressa
la parole; et chacun reconnut avec surprise qu'il y avait
bien de l'exagération dans les idées qu'il avait conçues,

et que, quelles que fussent la naissance et la fortune
de M. Tyrrel, quel que fût le rang qu'il occupât dans
le monde, ses manières, sans qu'il eût l'air de s'en faire
accroire, annonçaient un homme aimable et bien né.

Il fit ses remerciemens à M. Winterblossom sur un
ton qui rappela le digne président à tout son savoir-
vivre pour lui répondre dans le même style. Il évita
alors le désagrément d'être le seul objet de l'attention
de tout un cercle, en se glissant peu à peu à travers la
compagnie, non pas en hibou qui cherche un trou pour
s'y cacher, ou comme un homme gauche qui s'efforce
de se dérober à la compagnie; mais avec l'air d'un
homme qui ne se trouverait pas déplacé dans une
sphère encore plus élevée. Son style, en parlant à
lady Pénélope, fut adapté au ton romanesque de l'é-
pître de M. Chatterly, à laquelle il crut devoir faire
allusion. Il était fâché, lui dit-il, d'avoir à se plaindre
à Junon de l'inexactitude avec laquelle Iris avait dé-
livré certain mandat céleste, auquel il n'avait osé répondre que par une obéissance silencieuse. A moins,
ajouta-t-il, que cette lettre, comme son contenu semblait l'indiquer, ne fût destiné pour un être plus favorisé des dieux que celui entre les mains duquel le
hasard peut-être l'avait fait tomber.

Les lèvres de lady Pénélope l'assurèrent, et il put
lire dans les yeux de la plupart des jeunes demoiselles,
qu'il n'y avait eu aucune méprise dans cette affaire;
que c'était bien lui que les nymphes avaient évoqué en
leur présence, et qu'elles connaissaient parfaitement
ses talens comme poète et comme peintre. Tyrrel re-
poussa d'un air grave et sérieux l'accusation de poésie,
et ajouta qu'il ne lisait avec quelque plaisir que les

ouvrages de nos premiers poètes , et qu'il rougissait presque d'avouer qu'il pensait même que quelques-uns d'entre eux auraient mieux fait d'écrire en humble prose.

— Il ne vous reste plus qu'à désavouer votre talent comme artiste, M. Tyrrel, dit lady Pénélope, et nous vous regarderons comme l'être le plus trompeur de tout votre sexe, comme un homme qui veut nous empêcher de profiter de cette occasion pour jouir des fruits d'un talent sans égal. Je vous assure que je mettrai mes jeunes amies sur leurs gardes. Une telle dissimulation doit avoir quelque motif secret.

— Et moi, dit Winterblossom, je puis produire une pièce de conviction contre l'accusé.

A ces mots, il tira d'un porte-feuille l'esquisse qu'a-vait apportée Nelly Trotter, et dont il s'était emparé adroitement. Il avait eu soin, car il était adepte dans cet art, de la doubler d'un papier bien collé, de ma-nière à en faire disparaître quelques déchirures et jus-qu'au moindre pli, avec le même succès qu'obtiendrait mon ancienne amie mistress Weir, en réparant les dommages que le temps aurait faits à un Shakspeare in-folio.

—Voilà bien le *corpus delicti*, dit le procureur en faisant une grimace, et en se frottant les mains.

— Si vous avez assez d'indulgence, dit Tyrrel, pour donner le nom de dessins à de pareilles ébauches, je dois m'avouer convaincu. J'avais coutume de les faire pour mon amusement; mais, puisque mon hôtesse, mistress Dods, a découvert depuis peu que je les fais pour gagner ma vie, pourquoi n'en conviendrais-je pas?

Cet aveu, fait sans la moindre apparence de ohnle
ou de retenue, parut produire un effet frappant sur
toute la compagnie. Le président remit d'une main
tremblante le dessin dans son porte-feuille, craignant
sans doute que l'artiste ne le réclamât ou n'en deman-
dât le prix. Lady Pénélope fut déconcertée, comme un
coursier qui quitte le pas pour prendre le galop. Il fallait qu'elle quittât le ton d'égards et d'aisance avec lequel elle avait parlé jusqu'alors à Tyrrel, pour prendre
celui de protection et de supériorité, et eela ne pouvait
se faire en un instant.

Le procureur murmura à voix basse : — Les circonstances, les circonstances, je m'en étais douté.

Sir Biugo dit à l'oreille de son ami le Squire : —
Cheval essoufflé, efflanqué, perdu ; c'est dommage ! Je
garantis que c'était un cheval de racc.

— Rosse d'origine, répondit Mowbray. Ne vous l'ai-
je pas toujours dit ?

— Vingt-cinq guinées que cela n'est pas ; et je le lui
demanderai à lui-même.

— Va pour vingt-cinq guinées, à condition que vous
lui ferez cette demande d'ici à dix minutes. Mais vous
n'oseriez, Bingo. Il a un regard en dessous, avec tout
son clinquant de politesse.

— Fait ! dit le baronnet, quoique d'un ton moins
confiant qu'auparavant, mais avec la résolution secrète
d'avancer pas à pas et prudemment dans cette affaire.
J'ai un rouleau ici, ajouta-t-il, et Winterblossom gar-
dera les enjeux.

— Je n'ai pas de rouleau, mais je donnerai un bon
sur Micklewham.

— Mais tâchez qu'il soit mieux payé que le dernier,

car je ne veux pas être fait une seconde fois. Je vous tiens, mon garçon.

— Attendez que la gageure soit gagnée, et avant cela, Bingo, mon ami, je verrai ce flandrin vous briser le crâne d'un coup de poing. Vous ferez mieux d'abord de parler au capitaine, car vous allez vous mettre dans de mauvais draps, je vous en avertis. Tenez, je ne vous veux pas de mal, j'annule le pari pour une guinée. Décidez-vous; je prends la plume pour faire le bon.

—Signez-le, et allez au diable ensuite. Vous êtes pincé, Jack, je vous en réponds. Et s'avançant vers Tyrrel, il le salua, en s'annonçant à lui comme sir Bingo Binks.

—En... honneur... écrire... Monsieur, furent les seuls mots que son gosier, ou plutôt sa cravate, permit d'entendre distinctement.

—Que l'enfer confonde le fat! pensa Mowbray, du train dont il va, il marchera bientôt sans lisières. Et que l'enfer confonde doublement ce je ne sais qui, venu ici je ne sais d'où, pour faire entrer les chiens dans mon jeu.

Cependant, tandis que Mowbray tenait sa montre en main, le baronnet, le visage allongé par suite des réflexions qu'il faisait, et avec un tact d'instinct que le soin de sa conversation semblait inspirer à un cerveau qui n'était riche ni de délicatesse ni de jugement, fit précéder sa question de quelques remarques sur la pêche et la chasse en général. Il trouva Tyrrel plus passablement au fait de ces deux sciences, dont il parla même avec une sorte d'enthousiasme; de sorte que sir Bingo commença à être saisi d'un grand respect pour sa nouvelle connaissance; il saisit cette occasion pour lui dire qu'il n'était pas possible qu'il fût ou qu'il eût toujours été un artiste de profession, comme il venait de le déclarer ; et, s'enhardissant peu à peu, il ajouta :

—J'ose dire, M. Tyrrel, que vous avez été des nôtres. J'ose dire....

—Si vous parlez de chasse et de pêche, sir Bingo, j'ai toujours aimé et j'aime encore beaucoup ces deux plaisirs.

—Et par conséquent vous n'avez pas toujours fait cette sorte de choses?

—De quelle sorte de choses parlez-vous, sir Bingo? Je n'ai pas le plaisir de vous comprendre.

—Quoi! j'entends ces dessins. Je vous en ferai une jolie commande, si vous voulez répondre à ma question. Vous pouvez y compter.

—Avez-vous quelque intérêt à connaître mes affaires, sir Bingo?

—Non, certainement, non; pas un intérêt direct, répondit le baronnet en balbutiant un peu; car le ton avec lequel Tyrrel venait de s'exprimer ne lui plaisait pas à beaucoup près autant qu'un verre de sherry; j'ai seulement dit que vous êtes un *diablement* brave garçon, et j'ai gagé que vous n'avez pas toujours fait le métier d'artiste, voilà tout.

—Une gageure avec M. Mowbray, je suppose?

—C'est cela même : vous l'avez deviné. J'espère que je l'ai fait?

Tyrrel fronça les sourcils, jeta les yeux d'abord sur M. Mowbray, ensuite sur le baronnet, et après un moment de réflexion dit à celui-ci : —Sir Bingo, vous mettez autant de graces dans vos questions que vous avez de finesse dans l'esprit. Vous avez parfaitement raison ; je n'ai pas été élevé pour la profession d'artiste, et je ne l'exerçais pas autrefois, quelle que puisse être mon occupation actuelle. Je crois avoir répondu à votre question.

— Et voilà Jack pris! s'écria le baronnet en se frappant la cuisse avec un mouvement de joie, et en regardant le Squire d'un air de triomphe.

— Un instant, s'il vous plaît, sir Bingo ; il me reste un mot à vous dire. J'ai le plus grand respect pour les gageures. C'est le privilège d'un Anglais d'en faire sur tout ce que bon lui semble, et de sauter par-dessus les haies et les fossés, en faisant ses enquêtes pour les décider, comme s'il courait le renard. Mais je vous ai déjà donné satisfaction relativement à deux gageures, et je crois que cela suffit pour qu'on ne m'accuse pas de vouloir contrevenir aux usages du pays. J'ai donc à vous prier, sir Bingo, de ne plus prendre ni moi ni mes affaires pour sujet de celles que vous pourrez faire par la suite.

— Du diable si je m'en avise! pensa le baronnet. Il lui fit ensuite quelques excuses, et se trouva fort heureux d'entendre le son de la cloche qui annonçait le dîner, ce qui lui fournit un prétexte pour mettre fin à cette conversation.

———

CHAPITRE VI.

———

PROPOS DE TABLE.

« .... Si ces détails sont vrais ,
» La Hollande paraît avoir de grands projets ;
» Et l'Autriche... Madame, un peu de chicorée,
» Ce légume est divin , rien qu'une cuillerée.
» . . . .
» Tous parlaient à la fois, et sur le même ton
» Que s'il se fût agi d'un whist ou d'un boston. »

La Table.

Au moment de quitter le salon, lady Pénélope prit le bras de Tyrrel avec un doux sourire de condescendance, destiné à lui faire sentir tout le prix de la faveur qu'elle lui accordait. Mais l'artiste déraisonnable, au lieu de montrer la moindre confusion en se voyant l'objet d'une attention à laquelle il aurait dû si peu s'attendre, parut regarder cette distinction comme un droit

naturel dû au seul étranger de la compagnie; et quand
il eut conduit lady Pénélope au haut de la table, et
qu'il se fut placé entre elle et lady Binks, cet indiscret
n'eut pas l'air de penser qu'il se trouvait élevé au-dessus
de son rang, et parut aussi à l'aise que s'il eût été au
bas de la table, à côté de l'honnête mistress Blower,
venue aux eaux pour se débarrasser d'un mal d'estomac
qu'elle ne voulait pas nommer une indigestion.

Cet air d'indifférence gêna extrêmement le jeu de
lady Pénélope, et irrita plus que jamais le désir qu'elle
avait de pénétrer le mystère secret de Tyrrel, s'il y avait
quelque secret, et de l'attirer dans son parti. Si jamais
vous avez été aux eaux, n'importe en quel endroit, lecteur, vous savez que, tandis qu'on n'y montre pas des
égards trop polis aux gens qui sont comme tout le
monde, s'il survient un individu plus remarquable,
qui semble avoir quelque chose d'extraordinaire, aussitôt chaque amazone à la tête de chaque coterie peut
être comparée aux chasseurs de Buénos-Ayres, qui,
lorsqu'un lion a été signalé, disposent leurs filets et
s'apprêtent à manœuvrer de leur mieux pour s'emparer
du monstre, et l'emmener captif dans leur ménagerie.
Quelques mots sur lady Pénélope expliqueront pourquoi elle se livrait à cette chasse avec un zèle si ardent.

Elle était fille d'un comte, et avait eu, dans sa jeunesse, une taille et des traits qui lui donnaient le droit
de passer pour une beauté, quoique cette taille ne fût
plus assez svelte, et que ses traits fussent devenus trop
prononcés pour que cette expression pût lui être encore
applicable. Son nez semblait s'être allongé, ses joues
avaient perdu les contours qu'elles devaient à la jeunesse; et comme, pendant quinze ans qu'elle avait été

la beauté régnante de tous les cercles, et proclamée
dans toutes les tables, nul homme ne lui avait adressé
le mot décisif, ou du moins ne le lui avait convenablement adressé, Sa Seigneurie, rendue indépendante par
une succession qu'elle avait recueillie d'une vieille pa-
rente, ne parlait plus que d'amitié, ne pouvait souffrir
la ville pendant l'été, et vantait sans cesse

Et la verdure et la campagne.

A peu près à l'époque où lady Pénélope changea
ainsi son genre de vie, elle fut assez heureuse, à l'aide
du docteur Quackleben, pour découvrir les vertus de
la source de Saint-Ronan, et ayant contribué à établir à
l'entour *urbem in rure*, elle s'installa comme directrice
suprême des modes dans la petite province qu'elle avait
en grande partie découverte et peuplée : il était donc
assez juste qu'elle ambitionnât l'hommage et le tribut
de quiconque entrait sur ce territoire.

Sous les autres rapports, lady Pénélope ressemblait
assez aux femmes composant la classe nombreuse dont
elle faisait partie. Au fond elle avait des principes ; mais
elle était trop inconsidérée pour que ces principes l'em-
portassent sur ses caprices, et par conséquent elle
n'était pas trop scrupuleuse sur le choix de la compagnie qu'elle voyait. Elle avait un bon cœur, mais son
humeur était bizarre et fantasque. Elle était compatis-
sante et généreuse, mais il fallait qu'il ne lui en coûtât
ni embarras ni contrariété. Elle aurait servi partout de
chaperon à une jeune amie, et aurait remué le monde
entier pour placer des billets de souscription ; mais jamais
elle ne s'inquiétait si la jeune fille prise sous sa sauve-

garde ne jouait pas un peu trop le rôle de coquette :
de sorte que parmi une foule de jeunes miss elle passait
pour la meilleure créature de l'univers.

Lady Pénélope avait tant vécu dans la société, elle
savait si exactement quand elle devait parler, et comment éviter une discussion embarrassante en avouant
son ignorance, tout en paraissant briller d'intelligence,
qu'on ne découvrait ordinairement qu'elle était sans
esprit que lorsqu'elle se donnait des peines extraordi-
naires pour paraître très-spirituelle, ce qui lui arrivait
plus fréquemment depuis un certain temps; car, ne
pouvant se dissimuler que ses appas exigeaient de plus
en plus les artifices de la toilette, elle pouvait supposer
avec le poète que « de nouvelles lumières pénétraient
dans son esprit à travers les brèches du temps. » Plusieurs de ses amis croyaient pourtant qu'il aurait été
plus sage à elle de rester dans la médiocrité, et de se
contenter de jouer dans la société le rôle d'une femme
à la mode et bien élevée, plutôt que de s'afficher comme
protectrice et comme ayant des prétentions au goût.
Mais Sa Seigneurie ne partageait pas cette opinion, et
c'était à elle, sans contredit, qu'il appartenait d'en
juger.

A la gauche de Tyrrel était lady Binks, ci-devant la
belle miss Bonnyrigg, qui, l'année précédente, avait
fixé tous les yeux et excité l'admiration, la risée et l'é-
tonnement de toute la compagnie réunie aux eaux, en
dansant la *fling* (1) montagnarde la plus vive, en montant le cheval le plus fougueux, en riant le plus haut
de la plaisanterie la plus crue, et en étant celle de

(1) Danse des montagnes d'Écosse. — Éd.

toutes les nymphes de Saint-Ronan qui portait le jupon le plus court. Peu de personnes se doutaient que cette humeur étrange, masculine, et presque folle, n'était qu'un vernis dont elle couvrait son véritable caractère, dans le dessein de faire un mariage avantageux. Elle avait jeté les yeux sur sir Bingo; elle n'ignorait pas qu'il disait lui-même qu'il fallait pour lui plaire qu'une femme fût capable de tout; et elle savait qu'il ne se déciderait à prendre pour épouse que celle en qui il trouverait les qualités qui recommanderaient un bon chasseur. Elle tendit ses filets en conséquence, et se rendit malheureuse; car le rôle qu'elle jouait ne convenait nullement à son caractère passionné, ambitieux et réfléchi. Du reste, elle n'avait aucune délicatesse; car, tout en cherchant à prendre sir Bingo dans ses filets, elle savait parfaitement qu'il n'était qu'un sot et une brute. Mais elle s'était trompée elle-même, en ne prévoyant pas qu'une fois devenue la chair de la chair et les os des os du baronnet, elle éprouverait tant de honte et de courroux en le voyant généralement bafoué dans le monde et la dupe des aigrefins, et que son manque de bon sens lui inspirerait tant de dégoût.

Il est vrai qu'au total c'était un monstre assez innocent, et soit en lui serrant un peu la bride, soit en le flattant et le cajolant, on aurait pu le faire marcher assez bien. Mais la manière dont il avait malheureusement hésité à reconnaître son mariage secret avait tellement exaspéré l'esprit de la dame, que les mesures conciliatrices étaient les dernières qu'elle eût été disposée à employer. Non-seulement on avait eu recours en cette occasion à l'assistance de la Thémis écossaise (1),

(1) On sait quel est le privilège du lieu appelé *Gretna-Green*.

TR.

toujours si indulgente pour la fragilité des belles, mais
Mars paraissait même prêt à se mettre de la partie, si
l'Hymen ne fût pas intervenu.

Miss Bonnyrigg avait de par le monde un certain
frère, officier dans l'armée, qui arriva en chaise de
poste à l'hôtel du Renard ou de la Tontine, un soir à
onze heures. Il avait en main, au lieu de canne, une
espèce de gourdin de chêne sec, et il était accompagné
d'un autre militaire qui comme lui portait un bonnet
à la hussarde et un col noir. Ils n'avaient d'autre bagage, d'après le rapport que fit le fidèle Toby, qu'un
petit sac de nuit, un André Ferrare (1) avec une boîte
en acajou de dix-huit pouces de longueur sur trois de
profondeur et environ six de largeur. Le lendemain
matin, à une heure véritablement indue, un *palaver*
solennel, comme les naturels de Madagascar appellent
leurs assemblées délibérantes, eut lieu entre les deux
nouveaux venus et le baronnet : le capitaine Mac Turk
et M. Mowbray y assistèrent. Il en résulta qu'au déjeuner la compagnie eut le plaisir d'être informée que sir
Bingo était, depuis quelques semaines, l'heureux époux
de miss Bonnyriggs, la favorite de toute la société,
union qu'il avait tenue cachée pour des raisons de
famille, mais qu'il lui était maintenant permis d'avouer.
Il ne lui restait plus qu'à emprunter les ailes de l'A-
mour pour aller chercher sa tourterelle gémissante
dans les bocages sous l'ombre desquels elle s'était
retirée, jusqu'à ce qu'il n'existât plus d'obstacles à leur
bonheur commun. Tout cela sonnait fort bien sans
doute ; mais cette tourterelle sans fiel, lady Binks, ne

(1) Nom d'un armurier fameux. Une épée. — Tr.

pensait jamais aux mesures qu'il avait fallu prendre pour faire reconnaître son mariage à l'écossaise, sans un sentiment profond d'indignation et de mépris.

Indépendamment de ces circonstances désagréables, la famille de sir Bingo n'avait nullement encouragé le désir qu'avait.lady Binks d'aller s'installer dans le château de son mari. Cet affront avait été une nouvelle blessure pour son orgueil, et lui avait occasioné en même temps un redoublement de mépris pour le pauvre sir Bingo, qui n'osait conduire sa femme à des parens mécontens de son mariage, et devant lesquels il tremblait encore comme un enfant, quoiqu'il ne suivît jamais leurs bons avis.

Les manières de cette jeune dame n'avaient pas subi moins de changement que son caractère. Après avoir été libres et inconséquentes, elles étaient devenues pleines de réserve et de hauteur. Un sentiment intime l'avertissait que bien des femmes se faisaient un scrupule de l'admettre dans leur société; aussi elle se prévalait de son rang d'une manière désagréable pour les autres, et elle s'offensait aisément de tout ce qui portait l'apparence du plus léger manque de respect. Elle s'était rendue maîtresse de la bourse de sir Bingo, et n'étant gênée en rien dans ses dépenses, soit pour sa toilette, soit pour son équipage, elle cherchait à se montrer riche et splendide plutôt qu'élégante, et elle voulait attirer, à force de luxe et de magnificence, l'attention qu'elle ne daignait plus solliciter en se rendant aimable et intéressante.

Une source secrète de dépit pour elle était la nécessité de montrer quelque déférence à lady Pénélope Penfeather, dont elle méprisait l'esprit faux, les préten-

tions ridicules et les airs de protection. Ce dépit était
d'autant plus vif, qu'elle sentait qu'elle avait besoin de
l'appui de lady Pénélope pour se maintenir au rang
qu'elle occupait dans la société assez peu choisie des
eaux de Saint-Ronan, et que, si elle venait à le perdre,
elle pourrait bien déchoir d'un degré, même en cet
endroit, dans la considération qu'elle obtenait. D'une
autre part, la conduite de lady Pénélope envers lady
Binks n'avait rien de bien cordial. De même que la
plupart des vestales d'un certain âge, elle avait une
sorte d'antipathie naturelle contre les nymphes qui faisaient sous ses yeux un mariage avantageux ; et elle
soupçonnait qu'elle n'était pas fort avant dans les
bonnes graces de la compagne de sir Bingo. Cependant
le nom de lady Binks sonnait bien, et sa manière splendide de vivre faisait honneur à l'établissement formé et
protégé par lady Pénélope. Elles se bornaient donc à
satisfaire leur antipathie mutuelle en se lançant de
temps en temps un sarcasme l'une à l'autre, mais toujours sous le masque de la civilité.

Telle était lady Binks. Et cependant sa parure, ses
équipages, son luxe en un mot, étaient un sujet d'envie
pour la moitié des jeunes personnes alors aux eaux de
Saint-Ronan ; tandis que lady Binks, par son air de
mauvaise humeur, dépouillait sa jolie figure de la
moitié de ses charmes, car elle était réellement belle et
bien faite. Ses jeunes compagnes croyaient seulement
qu'elle était fière d'être arrivée à son but, et qu'avec
sa grande fortune et son diadème en diamans elle se
regardait comme infiniment au-dessus du reste de la
compagnie. Elles se soumettaient donc humblement à
ses airs de domination, d'autant plus tyranniques qu'elle

avait été, avant son mariage, en butte au mépris et à la
censure de quelques-unes d'entre elles ; car lady Binks
n'avait pas oublié les injures faites à miss Bonnyrigg.
Mais toutes ces jeunes personnes souffraient patiemment
la peine du talion, de même qu'un lieutenant de ma-
rine endure le caractère brusque et bourru de son capitaine, en se promettant secrètement de s'en venger
sur ses inférieurs quand il sera arrivé à son tour au
commandement.

C'était dans cette situation de grandeur, et cependant de regrets, que lady Binks occupait sa place à
table, déconcertée tour à tour par un propos stupide
de son seigneur et maître, ou par quelque sarcasme de
lady Pénélope, auquel elle n'osait répliquer, quoiqu'elle
en brûlât d'envie.

Elle regardait de temps en temps son voisin Frank
Tyrrel, mais sans lui adresser la parole, et elle recevait de lui en silence les politesses d'usage. Elle ne l'a-
vait pas perdu de vue pendant son entretien avec sir
Bingo, et, sachant par expérience comment son honoré
seigneur battait en retraite dans une querelle où il n'é-
tait pas le plus fort, et combien son génie était fertile
pour le mettre dans de semblables embarras, elle ne
douta pas qu'il n'eût reçu de cet étranger quelque
nouvel affront, et en conséquence elle regardait Tyrrel
avec un air d'incertitude, ne sachant trop si elle devait
lui savoir gré d'avoir humilié un être qu'elle méprisait,
ou l'accabler de son mécontentement pour avoir insulté
un homme qui ne pouvait tomber dans un état de dé-
gradation sans qu'elle le partageât. Peut-être avait-elle
encore d'autres pensées. Quoi qu'il en soit, elle le regarda avec une grande attention, mais sans mot dire.

Tyrrel ne fut pas moins réservé envers elle, car il était presque entièrement occupé à répondre aux questions de lady Pénélope Penfeather, qui voulait absolument l'accaparer.

Recevant des réponses polies, mais un peu évasives, aux questions qu'elle lui fit sur les occupations qu'il avait suivies jusqu'alors, tout ce qu'elle put apprendre se borna à savoir qu'il avait voyagé dans plusieurs contrées lointaines en Europe et même en Asie. Trompée dans son attente, mais ne se rebutant point, elle continua à lui témoigner de la politesse, en lui indiquant, comme à un étranger, plusieurs personnes de la compagnie auxquelles elle avait dessein de le présenter, et dont la société pouvait lui être agréable ou utile. Mais au milieu de cette conversation elle changea tout à coup de sujet.

— Me pardonnerez-vous M. Tyrrel? lui dit-elle, je vous avoue que j'ai épié vos pensées depuis quelques instans, et que j'ai réussi à les découvrir. Pendant que je vous parlais de ces bonnes gens, et que vous me faisiez des réponses si polies qu'il pourrait être à propos de les insérer dans l'ouvrage intitulé *Dialogues familiers pour apprendre aux étrangers comment ils doivent s'exprimer en anglais dans le commerce ordinaire de la vie*, vos yeux et votre esprit étaient entièrement fixés sur cette chaise qui est restée vide, en face de nous, entre notre digne président et sir Bingo Binks.

— J'en conviens, milady. J'ai été un peu surpris de voir qu'une des places d'honneur reste inoccupée, tandis que la table est à peine assez grande pour le nombre des convives qui s'y trouvent.

— Faites un pas de plus, monsieur. Convenez que,

pour un poète, une chaise non occupée (celle de Banquo (1) par exemple) a plus de charmes que si elle était remplie même par un alderman. — Et si la dame Noire venait se glisser parmi nous et l'occuper, auriez-vous le courage de supporter cette vision, M. Tyrrel? Je vous assure que la chose n'est pas impossible.

— Quelle chose n'est pas impossible, milady? demanda Tyrrel un peu surpris.

— Vous tressaillez déjà? Je désespère de vous voir soutenir cette imposante apparition.

— Quelle apparition? Qui attend-on? demanda Tyrrel, ne pouvant réprimer quelques signes de curiosité, quoiqu'il soupçonnât lady Pénélope de ne chercher qu'à se donner le plaisir d'une mystification.

— Que je suis enchantée! s'écria-t-elle. J'ai donc trouvé votre endroit vulnérable. — Qui attend-on? Vous ai-je dit qu'on l'attendait? Non, on ne l'attend point.

> Glissant, comme la nuit, de contrée en contrée,
> Ses étranges discours sont ceux d'une inspirée (2).

Mais allons, vous êtes à ma discrétion, je n'en abuserai pas, et je vais m'expliquer. Nous appelons, entre nous s'entend, miss Clara Mowbray, la sœur de ce jeune homme assis près de miss Parker, la dame Noire, et cette place lui est réservée, car elle était attendue, non, pas attendue, je me trompe encore : on croyait seulement qu'elle pourrait nous honorer de sa visite,

---

(1) Allusion à la fameuse scène où Macbeth venant prendre sa place au banquet, s'aperçoit qu'elle est occupée soudain par le fantôme de sa victime. — Éd.

(2) Coleridge. — Éd.

aujourd'hui que la compagnie est complète et attrayante, Son frère est notre *seigneur du village*, de sorte que, par civilité, nous recevons ses visites. Ni lady Binks ni moi nous n'avons songé à y faire aucune objection. C'est une jeune personne fort singulière que Clara Mowbray; elle m'amuse beaucoup; je suis toujours assez charmée de la voir.

— Si j'entends bien Votre Seigneurie, elle ne doit pas venir aujourd'hui?

— Mais... il est un peu tard, même pour *elle*. On a retardé le dîner d'une demi-heure, et nos pauvres malades étaient affamés, comme vous avez pu en juger par la manière dont ils se sont mis en besogne. Mais Clara est une étrange créature; et, si elle s'était proposé d'arriver ici à une pareille heure, vous la verriez arriver; elle est si bizarre! Bien des gens la trouvent jolie; mais elle a tellement l'air d'un être venant de l'autre monde, qu'elle me fait toujours penser à la dame Spectre de Mathew Lewis (1). Vous vous rappelez :

Il est un don , lui dit la dame ,
Que je voudrais tenir de toi :
C'est cet anneau que je réclame :
Brave guerrier , donne-le moi.

Et vous n'avez pas oublié sa réponse :

C'est l'anneau de ma douce amie:
Et son père a juré sa foi
Qu'à mon retour de la Syrie
Sa main aussi serait à moi.

— Mais je présume, M. Tyrrel, que vous dessinez le

(1) Auteur du *Moine* et des *Contes romantiques*. — ÉD.

portrait aussi bien que le paysage. Il faudra que vous me fassiez une esquisse, une bagatelle ; car je crois qu'une esquisse montre le talent dans toute sa liberté, mieux qu'un morceau achevé. J'ai une passion pour les inspirations du génie. C'est comme l'éclair sillonnant la nue. Oui, vous me ferez une esquisse pour mon boudoir, ma chère grotte sombre du château d'Ayr, et Clara vous servira de modèle pour la dame Spectre.

— Ce serait faire un pauvre compliment à votre amie, milady.

— Mon amie! nous n'en sommes pas encore tout-à-fait là, quoique j'aime beaucoup Clara. Elle a l'air tout-à-fait sentimentale; je crois que j'ai vu au Louvre une statue antique qui lui ressemble beaucoup. J'étais à Paris en 1800. Oui, sa physionomie a quelque chose d'antique, les yeux un peu enfoncés. Ce sont les soucis qui les ont creusés ; mais ils sont du plus beau marbre, et surmontés d'un beau cintre en jais. Son nez, sa bouche et son menton ont décidément la coupe grecque : elle a une profusion de longs cheveux noirs, et la peau la plus blanche que vous ayez vue ; blanche comme le parchemin le plus blanc. Pas une teinte de couleur sur les joues, pas la moindre. Si elle avait la finesse d'emprunter à l'art quelque teinte de vermillon, elle pourrait passer pour jolie, et même, telle qu'elle est, bien des gens lui accordent cette épithète. Cependant, M. Tyrrel, trois couleurs sont sûrement nécessaires sur le visage d'une femme. Quoi qu'il en soit, nous avions coutume, l'année dernière, de la nommer la Melpomène des Eaux, comme nous nommions lady Binks, qui alors n'était pas lady Binks, notre Euphrosine. N'est-il pas vrai, ma chère?

— Que me demandez-vous, madame? répondit lady
Binks d'une voix si aigre, qu'on n'aurait pas cru qu'elle
pût sortir d'une si jolie bouche.

— Je suis fâchée de vous avoir interrompue dans vos
rêveries, mon amour. Je disais à M. Tyrrel que l'année
dernière vous étiez notre Euphrosine, quoique vous
serviez aujourd'hui sous les bannières du *Penserose* (1).

— Je ne sais si j'ai été l'une ou l'autre, madame;
mais, ce dont je suis certaine, c'est que je suis incapable de m'élever à la hauteur de l'esprit et de la science
de Votre Seigneurie.

— Pauvre femme! dit lady Pénélope à l'oreille de
Tyrrel; nous savons ce que nous sommes, nous ne savons pas ce que nous pouvons devenir. Mais à présent
que j'ai été la sibylle qui vous a servi de guide dans
notre petit Élysée, M. Tyrrel, je crois, en retour, avoir
droit à quelque confiance de votre part.

— Malheureusement je n'ai rien à confier qui puisse
avoir le moindre intérêt pour Votre Seigneurie.

— Oh! le cruel homme! il ne veut pas m'entendre!
Il faut donc vous parler clairement? Je brûle de jeter
un coup d'œil dans votre porte-feuille. Faites-moi voir
quels objets vous avez ravis à la décadence de la nature,
pour les immortaliser par votre pinceau. Vous ne savez
pas, M. Tyrrel, non, vous ne pouvez savoir combien
je suis passionnée pour votre art muet, qui ne le cède
qu'à la poésie,... votre art, égal et supérieur peut-être à
la musique.

— J'ai réellement bien peu de chose qui mérite l'attention d'un aussi bon juge que Votre Seigneurie. Quel-

(1) Titre d'une pièce de Milton sur la mélancolie.. — Éd.

ques esquisses du genre de celle que vous avez déjà vue, et que souvent je laisse au pied de l'arbre sous lequel je me suis amusé à les faire.

— Comme Rolland (1) laissait ses vers dans la forêt des Ardennes. Oh! quelle prodigalité insensée! Entendez-vous cela, M. Winterblossom? Il faut que nous suivions M. Tyrrel dans ses promenades, pour glaner ce qu'il pourra laisser tomber.

Lady Pénélope fut interrompue en ce moment par quelques éclats de rire qui partaient dans le voisinage de sir Bingo, et elle les réprima par un regard courroucé.

— Cela ne doit pas être, M. Tyrrel, continua-t-elle; vous n'êtes pas dans la voie du monde, et le génie même doit se plier à y marcher. Il faudra que nous consultions un graveur; mais peut-être gravez-vous vous-même.

— Je suis porté à le croire d'après la vigueur de la touche de M. Tyrrel, dit Winterblossom, glissant, non sans peine, son mot dans la conversation.

— Puisque j'en suis accusé par de si bons juges, je ne nierai pas que je n'aie gâté de temps en temps une planche de cuivre; mais c'était uniquement par forme d'essai.

— N'en dites pas davantage, s'écria Pénélope; mon souhait favori est accompli. J'ai long-temps désiré que les sites les plus remarquables et les plus pittoresques de notre petite Arcadie, sites consacrés à l'amitié, aux beaux-arts, aux amours et aux graces, fussent immortalisés par le burin d'un graveur soigneux de sa réputation; vous y travaillerez, M. Tyrrel, et nous vous ai-

(1) *As you like it* SHAKSPEARE — ÉD

derons de tout notre pouvoir. Oui, nous y coopérerons tous avec vous ; seulement il faudra permettre à quelques-uns de nous de garder l'anonyme. Vous savez, M. Tyrrel, que les faveurs des fées doivent rester secrètes. Il vous sera permis de piller notre album. Vous y trouverez quelques jolies choses de M. Chatterly ; et M. Edgeitt, qui est de votre profession, s'empressera certainement de vous aider. Le docteur Quackleben vous donnera quelques notes scientifiques ; et, quant à la souscription...

— Objet de finance, milady, objet de finance ! Je vous rappelle à l'ordre, s'écria le procureur en interrompant lady Pénélope avec un ton de familiarité impertinente qu'il prenait sans doute pour de l'aisance.

— Comment ai-je mérité d'être rappelée à l'ordre, M. Micklewham ? dit lady Pénélope en se redressant.

— Toute affaire où il s'agit d'argent, milady, doit d'abord être soumise au comité d'administration.

— Et qui vous parle d'argent, M. Micklewham ? dit la dame courroucée. Ce misérable chicaneur, dit-elle en se penchant vers l'oreille de Tyrrel, ne pense jamais qu'à ses méprisables espèces.

— Vous avez parlé de souscription, milady ; c'est la même chose que si c'était de l'argent. La seule différence est sous le rapport du temps, la souscription étant un contrat *de futuro*, et ayant un *tractus temporis in gremio*. Et je sais que de très-honnêtes gens, faisant partie de la compagnie, se plaignent des souscriptions comme d'un grand abus, en ce qu'elles les obligent à agir différemment des autres, ou à donner leur argent pour des ballades et des peintures dont ils ne se soucient pas plus que d'une prise de tabac.

Plusieurs personnes, placées à l'extrémité inférieure de la table, donnèrent leur assentiment à ce discours, par un signe de tête et par un murmure d'approbation; et l'orateur allait reprendre la parole quand Tyrrel, venant à bout de se faire entendre avant que la discussion allât plus loin, assura la société que la bonté de lady Pénélope l'avait induite en erreur; qu'il n'avait en porte-feuille rien qui fût digne d'une souscription, et qu'il lui était impossible d'entreprendre l'ouvrage qu'elle désirait. Il y eut quelques chuchotemens aux dépens de Sa Seigneurie, qui, comme le fit observer malignement le procureur, avait été un peu empressée à offrir son patronage. Comme il y avait déjà long-temps que le dîner avait été desservi, lady Pénélope ne fit aucun effort pour rallier ses partisans, et, donnant aux dames le signal du départ, elle laissa aux cavaliers le soin de faire circuler la bouteille.

CHAPITRE VII.

━━━━━

LE THÉ.

« Chacun a devant soi ce breuvage enchanteur
» Qui, sans vous enivrer, vous réjouit le cœur. »

Cowper

Les belles dames qui se trouvaient aux eaux de Saint-Ronan étaient dans l'usage d'inviter de temps en temps la société à prendre le thé dans leur appartement, du moins celles qui par leur rang et par leur influence semblaient devoir être regardées comme pouvant se constituer les présidentes d'une soirée. La dame investie de ce privilège en jouissait encore dans la salle du bal, où deux violons et une basse, loués à raison d'une guinée par séance, et un *quantùm sufficit* de chandelles, contre l'emploi desquelles lady Pénélope s'était révoltée bien souvent, mettaient la compagnie en état de terminer la soirée par de légères gambades, pour me servir d'une phrase en usage.

Dans cette occasion le grand homme du jour, Francis Tyrrel, avait si peu répondu à l'attente de lady Pénélope Penfeather, qu'elle regrettait presque d'avoir jamais fait attention à lui, et surtout de s'être intriguée à cause de lui pour obtenir la présidence de cette soirée où, sous ses auspices, le thé *souchon* et le sucre de la Jamaïque allaient être prodigués. En conséquence, dès qu'elle eut donné ordre à sa femme de chambre de préparer le thé, et à tous ses gens, c'est-à-dire à son jockey et à son postillon, de le servir à la compagnie, fonctions dans lesquelles il furent aidés par deux laquais bien poudrés de lady Binks, dont la livrée brillante, ornée de larges galons, faisait honte au costume plus modeste des valets de lady Pénélope, et ternissait même la couronne de comte que ceux-ci portaient sur leurs boutons, elle se mit à déprécier et à dénigrer celui qui avait été si long-temps l'objet de sa curiosité.

— Ce M. Tyrrel, dit-elle d'un ton décidé d'autorité, semble, après tout, un homme fort ordinaire, un homme du commun, qui s'est rendu justice en allant se loger dans un vieux cabaret, beaucoup mieux que nous ne l'avons fait en l'invitant à venir dîner ici. Il savait mieux que nous quelle était la place qui lui convenait. Rien de plus vulgaire que son air et sa conversation. On ne trouve en lui rien de *frappant*. Je le crois à peine en état d'avoir tracé cette ébauche que nous avons vue. Il est vrai que M. Winterblossom en fait un grand éloge, mais chacun sait que la plus mauvaise croûte, le dessin le plus médiocre que notre cher président parvient à faire entrer dans son porte-feuille, devient sur-le-champ un chef-d'œuvre. Il en est de même de tous les faiseurs de collections; s'ils ont une oie ils en font un cygne.

— Et le cygne de Votre Seigneurie est devenu une oie, ma chère lady Pénélope, dit lady Binks.

— *Mon* cygne, ma chère lady Binks! je ne sais réellement pas comment j'ai mérité que vous m'attribuiez une telle propriété.

— Ne vous fâchez pas, ma chère lady Pénélope; je veux seulement dire que depuis plus de quinze jours ce M. Tyrrel a été le sujet de toutes vos conversations, et que pendant tout le dîner vous n'avez fait que lui parler. Toutes les belles dames commencèrent à se rapprocher de nos deux interlocutrices, en entendant les mots *ma chère* si souvent répétés dans ce court dialogue, ce qui les porta à croire qu'il pourrait y avoir une escarmouche un peu vive; et elles firent cercle autour d'elles, comme la populace autour de deux héros qui s'apprêtent à boxer dans la rue.

— Il était assis entre nous, lady Binks, répondit lady Pénélope avec dignité; vous aviez votre migraine d'usage, et il fallait bien que je fisse les honneurs de la compagnie, puisque vous me laissiez seule à parler.

— Vous avez parlé pour deux, si Votre Seigneurie me permet de le lui dire, répliqua lady Binks. Je veux dire, ajouta-t-elle en adoucissant l'expression, que vous avez parlé pour vous et pour moi.

— Je serais bien fâchée, dit lady Pénélope, d'avoir parlé pour quelqu'un qui a le don de la parole comme ma chère lady Binks. Je vous assure que je n'avais nullement envie d'accaparer sa conversation. Mais, je le répète, nous avons mal jugé cet homme.

— Oui, je crois qu'il est mal jugé, dit lady Binks d'un ton qui indiquait quelque chose de plus qu'un assentiment simple à ce que venait de dire lady Pénélope.

— Je doute que ce soit un artiste. Si c'en est un, il travaille sans doute pour quelque *magasine* (1) ou pour une encyclopédie.

— Je doute aussi que ce soit un artiste de profession, lady Pénélope. Si c'en est un, il faut qu'il soit de la première classe, car j'ai vu rarement un homme qui eût l'air mieux élevé.

— Il existe des artistes très-bien élevés, lady Binks. C'est une profession honorable.

— Sans contredit, milady ; mais ceux d'un rang subalterne ont souvent à lutter contre la pauvreté et la dépendance. Ils sont dans la société comme les marchands en présence de leurs pratiques, et c'est un rôle difficile à jouer. Aussi vous en voyez de toute espèce : celui-ci, modeste et réservé, parce qu'il sent son mérite ; celui-là, fantasque et pétulant, pour montrer son indépendance ; un autre, audacieux et impudent, pour paraître avoir de l'aisance ; quelques-uns, flatteurs et rampans, parce qu'ils ont l'esprit bas et servile. Mais il est bien rare que vous en trouviez un qui paraisse parfaitement à son aise dans la haute société ; et j'en conclus que M. Tyrrel est un artiste du premier rang, que la nécessité de s'assurer des protecteurs n'oblige

_____

(1) Journal périodique mensuel, tel que la *Belle Assemblée* ou *Journal des Modes anglaises.* — TR.

pas à se dégrader, ou, comme je le disais, il n'est pas artiste de profession.

Lady Pénélope jeta sur lady Binks ce regard qu'on peut supposer que Balaam laissa tomber sur son âne, quand il découvrit que l'animal était en état de raisonner avec lui. Elle murmura à voix basse ce vers français bien connu :

Mon âne parle, et même il parle bien

Mais éludant l'altercation à laquelle lady Binks paraissait assez disposée, elle lui répondit en souriant avec l'air de la meilleure humeur du monde : — Eh bien, ma chère Rachel, nous ne nous prendrons pas aux cheveux pour cet homme. Je crois même que la bonne opinion que vous en avez conçue m'en donne de lui une meilleure. C'est toujours ainsi que nous en agissons ensemble, ma chère amie; nous pouvons en faire l'aveu, pendant que nous n'avons parmi nous aucun individu de ce sexe si gonflé de son mérite. Mais il faut que nous sachions qui il est. Il ne porte pas de graine de fougère; il ne pourra pas rester invisible au milieu de nous. Que dites-vous donc, Maria?

— Je dis, ma chère lady Pénélope, répondit miss Diggs, dont nos lecteurs ont déjà eu occasion de reconnaître le penchant au babil, que c'est un fort bel homme, quoique son nez soit trop long et sa bouche trop grande. Mais aussi il a des dents comme des perles, et des yeux! surtout quand Votre Seigneurie lui parlait. Je parierais que vous n'avez pas bien regardé ses yeux; ils sont grands, noirs, brillans, comme ce que vous nous lisiez dans la lettre de cette dame sur Robert Burns.

— Sur ma parole, miss, vous promettez beaucoup, dit lady Pénélope. Il me paraît qu'il faut prendre garde à ce qu'on dit et à ce qu'on lit devant vous. Allons, Jones, prenez pitié de nous, mettez fin à cette symphonie produite par vos tasses et vos soucoupes, et commencez le premier acte du thé, s'il vous plaît.

— Milady voudrait-elle parler du *benedicite?* dit la bonne mistress Blower, qui, admise pour la première fois en pareille société, était fort occupée à arranger sur ses genoux un mouchoir des Indes, assez large pour servir de grande voile à un des lougres contrebandiers de son défunt mari, afin d'empêcher que le thé et les gâteaux, dont elle se promettait bien de prendre sa part, ne gâtassent sa belle robe de soie toute neuve.

— Si milady veut qu'on dise le bénédicité, voilà justement le ministre qui arrive. — Monsieur, milady attend que vous disiez le bénédicité.

Elle adressait ces paroles au révérend M. Chatterly, qui entrait en ce moment dans le salon d'un pas léger et d'un air gracieux. Il prit le lorgnon suspendu à son cou, la regarda d'un air surpris, et s'avança vers la table à thé.

Winterblossom arriva d'un pas lourd, un moment après le ministre, son orteil l'ayant averti qu'il était temps de quitter la salle à manger; il vit dans tous les traits de la pauvre femme qu'elle grillait d'envie d'avoir quelques informations sur les us et coutumes des lieux où elle se trouvait; mais il passa près d'elle sans songer à satisfaire sa curiosité.

Elle ne tarda pas à être soulagée par l'arrivée du docteur Quackleben, dont la maxime était qu'un malade méritait autant d'attention qu'un autre, et qui savait

par expérience qu'on recevait d'aussi bons honoraires,
sinon les meilleurs, de la veuve d'un riche négociant
que d'une femme de qualité. Il s'assit donc tranquillement à côté de mistress Blower, et lui demanda, avec
l'air du plus grand intérêt, des nouvelles de sa santé.

— Il espérait, ajouta-t-il, qu'elle n'avait pas oublié de
prendre une cuillerée d'eau-de-vie brûlée pour corriger
les crudités de l'estomac.

— En vérité, docteur, répondit la bonne femme, j'ai
laissé brûler l'eau-de-vie si long-temps que je regrettais
de voir cette bonne chose se consumer de cette manière; et, quand je l'ai eu éteinte, de peur qu'il n'en
restât plus, j'en ai pris de quoi remplir un dé (quoique
je ne sois guère accoutumée à cette boisson-là, docteur
Quackleben), et je crois que cela m'a fait du bien.

— N'en doutez pas, madame. Je ne suis pas partisan
de l'usage de l'acohol en général, mais il y a des cas,
des cas particuliers, mistress Blower. — Mon vénérable
maître, un des plus grands hommes qui aient existé dans
notre profession, prenait tous les jours après son dîner
un verre à vin de rum au sucre.

— Voilà un docteur comme on est heureux d'en
trouver. Je suis sûre qu'il connaîtrait quelque chose à
ma maladie. Croyez-vous qu'il vive encore, Monsieur?

— Il y a bien des années qu'il est mort, madame,
et il y a bien peu de ses élèves qui soient en état de
remplir sa place. Si je puis être regardé comme une
exception, c'est uniquement parce que j'étais son
disciple favori. — Béni soit son antique manteau lorsqu'il couvrait plus de science médicale que toutes les
robes d'une université moderne.

— Il y a un docteur dont on parle beaucoup à Édimbourg. — Le docteur Mac-Grégor, je crois. — De près et de loin, chacun court chez lui pour le consulter.

— Je sais qui vous voulez dire, madame. — Un homme instruit, on ne peut le nier, un homme fort instruit. — Mais il est certains cas, le vôtre par exemple, celui de bien des gens qui viennent prendre ces eaux, que je doute qu'il entende parfaitement. — Il est prompt et expéditif. Or moi, mistress Blower, je laisse la maladie aller son train, j'épie sa marche, et j'attends le moment du reflux.

— Oh! c'est bien, docteur, très-bien. John Blower attendait aussi le reflux; pauvre homme!

— Ensuite, mistress Blower, c'est un médecin qui affame ses malades. Il attaque une maladie comme une armée qui veut prendre une ville par famine, sans faire attention que les habitans paisibles en souffrent autant que la garnison ennemie. Hem! hem!

Après avoir toussé avec emphase et d'un air important, il continua :

— Je ne suis ni ami des excès ni des stimulans trop violens, mistress Blower; mais il faut soutenir la nature. Une nourriture fortifiante, des cordiaux judicieusement administrés, c'est-à-dire d'après l'avis d'un médecin, voilà ma méthode, mistress Blower; je vous le dis comme à une amie. D'autres peuvent faire mourir de faim leurs malades, si bon leur semble.

— Ce régime de famine ne me conviendrait pas, s'écria la veuve alarmée; il ne me conviendrait pas du tout, docteur *Kaherben*. C'est tout au plus si je puis passer la journée sans soutenir la nature autrement qu'aux heures ordinaires des repas; et je n'ai personne pour me soigner, docteur, depuis que John Blower m'a

été enlevé. Je vous remercie, dit-elle au domestique
qui présentait le thé; bien obligée, mon petit ami,
ajouta-t-elle au page qui offrait les gâteaux. Ne trouvez-
vous pas, docteur, dit-elle d'un ton confidentiel et en
baissant la voix, que le thé de milady est bien faible?.
c'est de l'eau ensorcelée, je crois; et il me semble que
mistress Jones, comme on l'appelle, a fait les tranches
de gâteau bien minces.

— Telle est la mode, mistress Blower, mais le thé
de milady est excellent. C'est votre goût qui est un peu
émoussé, et rien n'est moins étonnant; c'est ce qui arrive toujours quand on commence à prendre les eaux,
et cela vous empêche d'en sentir le parfum. Il faut soutenir le système général, fortifier les voies digestives.
Permettez, ma chère mistress Blower, vous êtes une
étrangère, et nous devons avoir soin de vous. J'ai ici
un élixir qui vous fera le plus grand bien en un instant.

A ces mots le docteur tira de sa poche une boîte à
compartimens, remplie de différentes fioles. — Jamais
on ne me prendra sans mes outils, dit-il; voici la véritable pharmacopée, la seule qui soit utile; tout le reste
n'est que du charlatanisme enté sur de grands mots.
Grace à cette boîte, et à quinze jours ou un mois tout
compris aux eaux de Saint-Ronan, personne ne mourra
avant que son heure soit arrivée.

Tout en parlant ainsi avec un ton de jactance, le
docteur prit une fiole remplie d'une liqueur jaune, et
en versa trois cuillerées à café dans la tasse de mistress
Blower, qui, après l'avoir vidée, déclara que son thé
en était beaucoup meilleur, et qu'elle en sentait déjà la
vertu confortative.

— Cela ne serait-il pas bon pour ma goutte, docteur?

dit M. Winterblossom, qui s'était avancé vers eux tenant sa tasse à la main.

— Je ne vous le conseille pas, M. Winterblossom,
répondit le docteur en fermant sa pharmacopée d'un
air très-froid. Votre cas est œdémateux ; vous le traitez
à votre manière : vous êtes vous-même votre médecin,
et je ne vais jamais sur les brisées de mes confrères.

— Eh bien ! docteur, j'attendrai que sir Bingo arrive.
Il a toujours sur lui son flacon de chasse, et je crois
que la médecine qui s'y trouve vaut bien celle qui est
dans votre fiole.

— Vous l'attendrez quelque temps, car sir Bingo a
des habitudes sédentaires ; et quand j'ai quitté la table
il demandait qu'on apportât du vin.

— Sir Bingo est un singulier nom pour un homme
de qualité, dit la veuve. Ne le pensez-vous pas, docteur *Cockleben* ? John Blower, quand il était un peu dans
les vignes, comme il le disait, le pauvre homme ! avait
coutume de chanter une chanson sur un chien nommé
Bingo, qui appartenait à un fermier.

— Notre Bingo n'est encore qu'un petit roquet, dit
M. Winterblossom, ou s'il est déjà un chien, c'est un
chien malade. Et il applaudit lui-même à ce trait d'esprit par un de ses sourires inimitables.

— Ou plutôt un chien enragé, dit M. Chatterly, qui
sourit aussi gracieusement d'avoir trouvé une meilleure
pointe que celle de son président.

— Voilà deux hommes fort plaisans, docteur, dit la
veuve, et je ne doute pas que sir Bingo ne le soit aussi ;
mais c'est dommage qu'il aime tant la bouteille. — C'é-
tait aussi le défaut de mon pauvre John Blower. Quand
il était, comme il le disait, sous le vent d'un bol de

punch, il n'y avait pas moyen de le faire démarrer. —
Mais voilà qu'on dessert le thé, docteur, et personne
n'a seulement songé à dire les graces : qu'en pensez-
vous? — Si ce M. *Chitterling* est véritablement ministre,
c'est lui qui doit en répondre, car il néglige le service
de son maître.

— S'il est ministre, madame! il a même été nommé
ministre plénipotentiaire; mais il n'a pas voulu en remplir les fonctions.

— Ministre *potentiaire!* — Ah! docteur! C'est une
plaisanterie de votre façon. Cela ressemble tant à mon
pauvre John Blower! Quand je voulais qu'il fît recommander aux prières de la congrégation *l'Aimable Peggy*
et sa cargaison (car on avait donné mon nom à ce bâtiment), il me répondait : — Ceux qui courent le risque
peuvent prier eux-mêmes, Peggy Brice, car je l'ai fait
assurer. — C'était un homme jovial, docteur *Kitleben;*
et quoiqu'il parlât un peu légèrement, il avait un fonds
de vertu autant qu'aucun propriétaire de navire qui ait
jamais levé l'ancre dans la rade de Leith. — J'ai été
comme une créature abandonnée depuis qu'il est mort.
— Quels jours et quelles nuits j'ai eus à passer!.—Et
le poids sur mon esprit, docteur, le poids sur mon
esprit! — Et cependant je puis dire que je ne me suis
pas encore trouvée aussi bien qu'en ce moment, depuis
que je suis arrivée aux eaux. — Si je savais ce que je
vous dois pour votre *élikstir*, docteur; car il m'a fait
beaucoup de bien, indépendamment de ce que je vous
ai ouvert mon cœur.

— Fi donc! madame, fi donc! dit le docteur en
voyant la veuve prendre dans sa poche un sac en peau
de veau marin semblable à ceux dont se servent les

matelots pour y mettre leur tabac, mais qui paraissait
assez bien rempli de billets de banque. — Je ne suis
pas apothicaire. — J'ai reçu mon diplôme à l'université
de Leyde. — Médecin en toute règle, madame. — Tout
mon élixir est à votre service; et, si vous vous trouvez
avoir besoin de conseils, personne ne sera plus heureux de vous en donner que votre humble serviteur.

— Vous avez bien de la bonté, docteur *Kickalpen*, et
je vous suis fort obligée, dit la veuve en remettant le
petit sac de peau dans sa poche, après l'avoir fait remarquer au docteur. — C'est ce que le pauvre John
Blower appelait son *spleuchan* (1), ajouta-t-elle; et je le
porte pour l'amour de lui. — C'était un bien brave
homme, et il m'a laissée dans un état dont je n'ai pas
à me plaindre du côté des biens du monde; mais le
veuvage est une terrible chose pour une femme, docteur *Kittlepin*.

Ici le docteur approcha davantage sa chaise de celle
de la veuve, et continua la conversation avec elle sur
un ton plus bas, les consolations qu'il avait à lui donner étant sans doute d'un genre trop délicat pour en
faire la confidence à toute la compagnie.

Un des principaux agrémens qu'on trouve aux eaux,
c'est que les affaires de chacun semblent y être mises
sous la surveillance spéciale de toute la société; de
sorte que les conversations amoureuses, les petites in-
trigues, les actes de coquetterie innocente qui y ont
naturellement lieu, sont un objet d'amusement non-
seulement pour les parties intéressées, mais aussi pour
les spectateurs, c'est-à-dire, en général, pour toute la

(1) *Spleuchan*, sac à tabac, mot écossais — Éd.

compagnie, dont lesdites parties sont membres elles-mêmes. Lady Pénélope, divinité de cette sphère, avait les yeux ouverts sur son cercle, et elle ne fut pas long-temps sans remarquer que le docteur semblait avoir avec sa voisine un conversation intéressante, et qu'il avait même été jusqu'à prendre la main potelée de la veuve d'une manière qui sentait le galant autant que le médecin consultant.

— Pour l'amour du ciel! s'écria-t-elle, qui peut être cette femme de bonne mine, que notre excellent et savant docteur regarde avec un intérêt si particulier.

— Une belle peau, de l'embonpoint, la quarantaine, voilà tout ce que j'en sais, dit M. Winterblossom. — Dans le commerce, sans doute.

— Une caraque, M. le président, dit le ministre, richement chargée de denrées coloniales. — Son nom, l'Aimable Peggy. — Point de maître à bord. — Feu John Blower, de North-Leith, ayant fait voile pour le Styx, et laissé le bâtiment sans équipage.

— Le docteur, dit lady Pénélope en tournant son lorgnon de leur côté, semble disposé à jouer le rôle de pilote.

— Et à changer le nom du navire, dit M. Chatterly.

— C'est le moins qu'il puisse faire par reconnais-sance, dit Winterblossom, car elle a changé six fois le nom du docteur pendant les cinq minutes que j'ai été a portée de les entendre.

— Qu'en pensez-vous, ma chère lady Binks? demanda lady Pénélope.

— Madame? dit lady Binks en sortant d'une rêverie, et répondant comme si elle n'avait pas entendu ou compris la question.

— Je vous demande ce que vous pensez de ce qui se passe là-bas.

Lady Binks tourna son lorgnon du côté que lui indiquait le geste de lady Pénélope, jeta sur le docteur et sur la veuve un regard effronté, comme c'est la mode, et, laissant retomber son bras lentement, dit avec un air d'indifférence : — En vérité, je ne vois rien qui mérite qu'on y pense.

— C'est pourtant une belle chose que le mariage, reprit lady Pénélope; mais il y a des personnes dont toutes les pensées sont tellement occupées de leur parfait bonheur, qu'elles n'ont ni le temps ni l'envie de rire comme les autres. Miss Rachel Bonnyrigg aurait ri à se faire sortir les yeux de la tête si elle avait vu ce qui paraît si indifférent à lady Binks. Il faut que le mariage produise un bien grand bonheur, puisqu'il se suffit à lui-même.

— Heureux celui qui pourrait convaincre sérieusement Votre Seigneurie de cette vérité! dit M. Winterblossom.

— Qui sait? la fantaisie peut m'en venir. Mais non, non, non, je le dis trois fois, M. Winterblossom.

— Dites-le encore seize, et que la dix-neuvième serve d'affirmation.

— Je dirais mille fois non, que je défierais toute la chimie du monde d'en extraire un oui. Bénie soit la mémoire de la reine Bess (1)! Elle nous a donné l'exemple de ne pas nous dessaisir de l'autorité, quand nous la possédons. Mais quel bruit entends-je?

— Ce n'est rien que la querelle qui a lieu tous les

_____

(1) Élisabeth. — TR.

jours après le dîner, dit le ministre. J'entends la voix
du capitaine, d'ailleurs si silencieux, qui commande la
paix au nom du diable et des dames.

— En vérité, ma chère lady Binks, dit lady Pénélope, il est fort mal à votre seigneur et maître, il est
fort mal à Mowbray, qui devrait avoir plus de raison,
et à tout le reste de cette bande de buveurs, d'agacer
nos nerfs tous les soirs en se querellant et en se présentant des pistolets les uns aux autres, comme des
chasseurs que la pluie force à garder la maison le
12 août. Je suis lasse de l'Homme de Paix. A peine a-t-il
cicatrisé une plaie qu'il s'en forme une nouvelle à côté.
Ne ferions-nous pas bien de prononcer que les deux
premiers individus qui auront une querelle seront tenus
de la vider sérieusement, les armes à la main ? Nous
assisterions au combat, et nous porterions les couleurs
de l'un ou de l'autre des deux champions. S'il en résul-
tait un enterrement, nous le suivrions en corps. Le
deuil va si bien ! N'est-il pas vrai, ma chère lady Binks?
Voyez la veuve Blower avec sa robe noire. Ne lui portez-
vous pas envie, ma chère?

Lady Binks semblait sur le point de lui répondre
avec aigreur, mais elle se retint peut-être parce qu'elle
se souvint qu'elle commettrait une imprudence si elle
en venait à une rupture ouverte avec lady Pénélope.
Au même instant la porte s'ouvrit, et une jeune dame
dont le costume annonçait qu'elle venait d'arriver à
cheval, et qui portait un voile noir attaché à son chapeau, entra dans l'appartement.

— Anges et ministres de graces! s'écria lady Pénélope avec un tressaillement vraiment tragique, c'est
vous, ma chère Clara! Pourquoi venez-vous si tard?

Pourquoi un pareil costume? Voulez-vous passer dans mon cabinet de toilette? Jones vous aidera à mettre une de mes robes. Vous savez que nous sommes de la même taille: je vous en prie. Je serai fière de vous voir porter une fois quelque chose qui m'appartienne.

Elle lui parlait ainsi d'un ton qui annonçait toute l'affection qu'une femme peut éprouver pour une autre, et elle y joignit une de ces tendres caresses que les dames, Dieu les bénisse! se prodiguent quelquefois l'une à l'autre sans nécessité, au risque d'exciter le mécontentement et l'envie des hommes qui en sont témoins.

— Mais vous êtes agitée, ma chère Clara, continua lady Pénélope; vous avez un mouvement de fièvre, j'en suis sûre. — Croyez-moi, mettez-vous au lit.

— Vous vous trompez, milady, répondit miss Mowbray, qui semblait recevoir les caresses et les civilités de lady Pénélope comme une affaire de forme et de cérémonial; je suis venue au grand trot, et je suis un peu échauffée : voilà tout le mystère. — Donnez-moi une tasse de thé, mistress Jones, et il n'en sera plus question.

— Faites de nouveau thé à l'instant, Jones, s'écria lady Pénélope; et, prenant par la main sa jeune amie qui se laissait conduire passivement, elle l'entraîna dans la partie de l'appartement où elle tenait sa petite cour, chacun saluant miss Mowbray en passant, tandis que celle-ci semblait ne rendre cette politesse que parce que l'usage lui en faisait un devoir.

Lady Binks ne se leva pas pour la saluer. Se redressant sur sa chaise, elle se borna à lui faire une inclination de tête un peu raide quand elle passa devant elle

Miss Mowbray la salua de la même manière, et pas un mot ne fut prononcé entre elles.

— Qui est donc cette jeune dame? demanda la veuve Blower. Souvenez-vous, docteur, que vous m'avez promis de me faire connaître tout le grand monde. Qui est donc cette jeune dame pour qui lady Pénélope fait un si grand remue-ménage? Pourquoi vient-elle en robe de drap et en chapeau de castor, quand nous sommes toutes en satin? Et en même temps elle jeta un coup d'œil sur sa robe.

— Il est fort aisé de vous dire qui elle est, ma chère mistress Blower. Elle se nomme miss Mowbray, et elle est sœur du seigneur de l'endroit, de celui que vous avez vu en habit vert avec une flèche brodée en or sur le collet. Mais vous dire pourquoi elle est venue en habit de drap, vous rendre compte du motif d'aucune de ses actions, c'est ce qui est au-dessus de la science d'un docteur. La vérité est que j'ai toujours pensé qu'elle a une touche... une petite touche de... vous nommerez cela comme vous voudrez, affection nerveuse, hypocondrie.

— Que Dieu ait pitié d'elle, la pauvre fille! — Il est bien sûr qu'elle en a l'air. — Comment se fait-il qu'on la laisse aller seule, docteur? C'est une honte; elle pourrait faire mal aux autres ou se nuire à elle-même. — Voyez donc! la voilà qui prend un couteau! — Ah! ce n'est que pour couper une tranche de gâteau. — Que ne se laisse-t-elle servir par ce singe poudré d'enfant? — Elle montre pourtant du bon sens en cela, docteur, car elle peut la couper aussi mince ou aussi épaisse qu'il lui plaît. — Eh bien, au bout du compte, elle n'en a pris qu'un morceau qu'on pourrait mettre entre les

barreaux de la cage d'un serin. — Je voudrais bien
qu'elle levât ce grand voile, et qu'elle ôtât cette redingote. — Il faudrait réellement lui montrer les réglemens, docteur *Kichelshin.*

— Elle s'inquiète fort peu des réglemens que nous
pouvons faire, mistress Blower ; la faiblesse de son
frère et la fantaisie de lady Pénélope font qu'on lui
passe tout, et qu'elle se permet tout. — On devrait consulter sur la situation où elle se trouve.

— Oui, vraiment, docteur, il est temps d'y prendre
garde, quand de jeunes créatures comme cela viennent
se faufiler parmi de belles dames, vêtues comme si elles
venaient de trotter sur les sables de Leith. — Mais
voyez comme lady Pénélope fait son embarras autour
d'elle! On dirait que ce sont des oiseaux de la même
couvée.

— Du moins ils peuvent avoir volé des mêmes ailes,
à ce que je puis savoir. Mais, dans le cas de lady Pénélope, on a pris de bonne heure de bons avis. Mon ami
le feu comte de Penfeather était un homme de bon
sens. — Rien ne se faisait dans sa famille que par ordon-
nance de médecin. — De sorte que grace aux eaux, et
grace aussi à mes soins, lady Pénélope est seulement
un peu fantasque, capricieuse, voilà tout, et sa qualité
le lui permet. — Avec un autre traitement, l'*humeur
peccante* aurait pu se montrer à découvert.

— Oui, vous l'avez traitée en amie. — Mais cette
jeune fille, cette Clara Mowbray, pauvre créature!
comment peut-on l'abandonner à elle-même?

— La mère était morte. — Son père ne songeait qu'à
la chasse. — Son frère faisait son éducation en Angleterre, et quand il aurait été ici, il ne se serait guère

inquiété que de lui seul. Toute l'éducation qu'elle a reçue, elle ne la doit donc qu'à elle-même. — Elle a fait son cours de lecture dans une bibliothèque remplie de vieux romans. — Elle n'a dû qu'au hasard les amis qu'elle a eus, la société qu'elle a vue. — Pas un médecin, pas même un chirurgien à dix milles de distance de chez elle. — Vous ne pouvez donc être surprise que le cerveau de cette malheureuse fille se soit dérangé.

— Pauvre créature! — Ni médecin ni chirurgien! — Mais, docteur, ajouta la veuve, peut-être jouit-elle d'une bonne santé, et alors...

— Ha! ha! ha! Alors, madame, elle aurait encore plus besoin de médecin que si elle était d'une constitution délicate. Un médecin habile, mistress Blower, sait comment s'y prendre pour dompter cette santé robuste, qui est une situation du corps humain très-alarmante quand on la considère *secundùm artem*. La plupart des morts subites arrivent tandis qu'on jouit d'une santé florissante. — Ah! cet état de parfaite santé est ce que le médecin craint le plus pour celui qui lui donne sa confiance.

— Sans doute, docteur, sans doute. — Je sens tout l'avantage d'avoir près de soi un habile homme.

Dans son zèle à convaincre mistress Blower du danger qu'elle courait en se supposant en état de vivre et de respirer sans la permission d'un médecin, le docteur laissa tomber sa voix au diapason d'une prière si douce et si basse, que notre *rapporteur* ne put en saisir les paroles. Il arriva au disciple de Gallien ce qui arrive quelquefois à de grands orateurs : il était impossible de les entendre dans la galerie (1).

_____

(1) La galerie où sont admis les étrangers. Phrase qu'on retrouve

Pendant ce temps lady Pénélope accablait de préve-
nances Clara Mowbray. Jusqu'à quel point Sa Seigneurie, au fond du cœur, aimait-elle cette jeune personne, c'est ce qu'il serait difficile de constater. —
Probablement elle l'aimait comme un enfant aime un
joujou. — Mais Clara, n'était pas un joujou qu'on pût
se procurer à volonté, car elle était, dans son genre,
aussi fantasque que lady Pénélope l'était dans le sien.
La seule différence, c'est que les bizarreries de la
pauvre Clara étaient réelles, et que la plupart de celles
de Sa Seigneurie étaient affectées. Sans adopter le jugement un peu sévère du docteur, nous devons convenir
qu'il existait certainement des inégalités dans l'esprit
de Clara. Aux accès de légèreté qu'on remarquait en
elle de temps en temps, succédaient de très-long intervalles de tristesse. Cette légèreté paraissait même, aux
yeux du monde, plus grande qu'elle ne l'était en effet;
car n'ayant jamais vu ce qu'on peut appeler la bonne
société, elle ne connaissait pas la retenue qu'elle inspire, et elle avait un profond mépris pour celle qu'elle
voyait. Elle n'avait jamais eu personne pour lui apprendre (leçon importante!) qu'il y a certaines formes
à observer, certains égards à avoir, moins encore par
rapport à ce qui est dû aux autres, qu'à cause de ce
que nous nous devons à nous-mêmes. Son costume, ses
manières, ses idées lui appartenaient donc presque
exclusivement; et, quoique tout cela lui allât à ravir,
comme les guirlandes et les chants de la pauvre Ophe-
lia (1), l'observateur, même en s'en amusant, ne pou-

tous les jours dans le compte que rendent les journaux anglais des
débats du parlement d'Angleterre. — Tr.

(1) La maîtresse d'Hamlet. (*Shakspeare.*) — Éd.

vait se défendre d'un mouvement de compassion, d'un sentiment de mélancolie.

— Et pourquoi n'êtes-vous pas venue dîner? lui demanda lady Pénélope. Nous vous attendions; votre trône était préparé.

— Je serais à peine venue pour le thé de mon propre mouvement, répondit Clara; mais mon frère m'a dit que vous vous proposez de venir à Shaw-Castle, et il a pensé que pour vous confirmer dans ce projet flatteur, il était à propos et même nécessaire que je vinsse vous dire : — Je vous en prie, milady, venez nous voir. En conséquence me voici, et je vous dis : — Je vous en prie, milady, venez nous voir.

— Une invitation si agréable ne s'adresse-t-elle qu'à moi seule, ma chère Clara? Lady Binks sera jalouse.

— Amenez lady Binks, si elle veut bien nous honorer de sa présence. Ici les deux dames se firent une demi-révérence, mais avec une raideur complète. — Amenez M. Springblossom ou Winterblossom; amenez tous vos lions et toutes vos lionnes; nous avons place pour toute la bande. — Mon frère amènera sans doute son régiment d'ours, et l'accompagnement ordinaire des singes de toutes les caravanes complètera la ménagerie. Mais comment serez-vous reçus aux Shaws, Dieu merci, c'est l'affaire de John, ce n'est pas la mienne.

— Nous n'attendons pas un dîner de cérémonie, mon amour; il ne s'agit que d'un *déjeuner à la fourchette.* — Je sais que vous péririez d'ennui s'il vous fallait faire les honneurs d'un repas d'étiquette.

— Point du tout, je vivrais assez pour faire mon testament, et léguer toutes les réunions nombreuses au diable qui les a inventées.

— Miss Mowbray, dit lady Binks, qui, soit dans le rôle de coquette qu'elle avait joué autrefois, soit dans celui de prude qui était son emploi actuel, avait reçu plus d'un sarcasme de la part de cette jeune personne, dont la langue ne connaissait aucun frein; miss Mowbray se déclare pour

Le fin poulet, le flacon de champagne.

— Le poulet, oui, répondit Clara; mais le champagne, non. J'ai connu des dames à qui il en a coûté cher pour avoir eu du champagne sur leur table. Mais, à propos, lady Pénélope, votre ménagerie n'est pas tenue en aussi bon ordre que celle de Pidcock et de Polito. En passant près des loges d'en bas, j'ai entendu gronder, beugler, rugir.

— C'est l'instant où on leur distribue leur pâture, ma chère, et il est certains animaux qui deviennent intraitables en ce moment. — Vous voyez que tous nos animaux d'un ordre supérieur sont lâchés et dociles.

— Oui, en présence de leur gardien. — Il faut pourtant, malgré ces beuglemens et ces rugissemens, que je traverse une seconde fois le vestibule. Je voudrais avoir quelques quartiers de moutons, comme le prince du conte des Fées qui allait puiser de l'eau à la fontaine des Lions, afin de les leur jeter si je venais à en rencontrer quelques-uns. — Mais, par seconde réflexion, je sortirai par la porte de derrière, et par ce moyen je les éviterai. Que dit à ce sujet le brave Bottom?

Si comme des lions ils se livraient combat (1),
Dans de semblables lieux il y va de la vie.

(1) Le *Songe d'une nuit d'été.* SHAKSPEARE. — ÉD.

— Vous accompagnerai-je, ma chère?

— Non, j'ai l'ame trop courageuse pour cela. — D'ailleurs je soupçonne que la plupart des lions de votre ménagerie ne sont lions que par la peau.

— Mais pourquoi partir si tôt, Clara?

— Parce que ma mission est finie : ne vous ai-je pas invités, vous et les vôtres? Lord Chesterfield ne conviendrait-il pas lui-même que j'ai rempli le devoir de la politesse?

— Comment pouvez-vous être si bizarre, mon amour? Vous n'avez parlé à personne de la compagnie.

— Comment! ne leur ai-je pas parlé à tous en vous parlant à vous et à lady Binks? Mais je suis bonne fille, et je ferai ce qui m'est commandé.

A ces mots elle se tourna vers la compagnie, et adressa tour à tour la parole à chacun de ceux qui la composaient, avec une affectation d'intérêt et de politesse.

— M. Winterblossom, j'espère que la goutte vous laisse quelque repos. — M. Robert Rymer (pour cette fois j'ai évité de l'appeler Thomas) (1), je me flatte que le public donne de l'encouragement aux muses. — M. Keelavine, votre pinceau est sûrement occupé comme il le mérite. M. Chatterly, je ne doute pas que votre troupeau ne profite de vos instructions. — Docteur Quackleben, je suis sûre que vos malades sont en bon train de guérison. — Eh bien, voilà tout ce que je connais dans l'honorable compagnie. Quant au reste, santé aux malades et plaisir à ceux qui se portent bien.

— Mais il n'est pas possible que vous songiez déjà à

(1) Thomas the Rhymer. — Tr.

vous en aller, mon amour, dit lady Pénélope. Des courses si rapides vous agitent les nerfs. Vous devriez veiller à votre santé. — Appellerai-je Quackleben?

— N'appelez aucun *Quack* (1) pour moi, ma chère lady Pénélope. Je ne sais pas ce que veut faire entendre votre clignement d'œil à lady Binks. Non, je ne le sais pas. — Je ne serai ni lady Clémentine (2), pour exciter la surprise et la pitié aux eaux de Saint-Ronan, ni Ophélia (3), et pourtant je vous dirai comme elle : — Bonsoir, mesdames, bonsoir, mes bonnes dames; — et maintenant je dirai, non pas : — Mon équipage! mon équipage! mais — mon cheval! mon cheval (4)!

A ces mots, elle sortit du salon par une porte latérale, laissant les dames se regardant les unes les autres, en branlant la tête d'un air d'intelligence.

— Il faut que quelque chose ait mis le désordre dans les idées de la pauvre fille, dit lady Pénélope; je ne l'ai jamais vue en pareille humeur.

— Pour dire ce que je pense, ajouta lady Binks, je crois, comme le dit mistress Highmore dans la comédie, que sa folie est une pauvre excuse pour son impertinence.

— Fi donc, ma chère lady Binks! Épargnez ma favorite. Personne ne doit pardonner plus que vous les excès de la bizarrerie d'un caractère aimable. Pardonnez-moi, mon amour, mais je dois défendre une amie

---

(1) *Quack* signifie charlatan. — ÉD.

(2) L'une des héroïnes du roman de Grandisson. — ÉD.

(3) Ophélie, comme Clémentine, a perdu la raison. — ÉD.

(4) *Richard III* de SHAKSPEARE.

absente; je suis sûre que lady Binks est trop franche,
trop généreuse

Pour haïr les moyens qui l'ont conduite au trône.

— Comme je ne trouve pas mon trône bien élevé,
milady, je ne vois pas quels moyens j'aurais été dans la
nécessité d'employer pour y atteindre. Il me semble
qu'une demoiselle écossaise d'une ancienne famille peut
épouser un baronnet anglais sans que cela doive être
un motif d'étonnement extraordinaire.

— Sans contredit; mais on s'étonne de rien dans ce
monde, comme vous le savez.

— Si vous m'enviez mon pauvre sot de mari, lady
Pénélope, je vous en trouverai un meilleur.

— Je ne doute pas de vos talens, ma chère; mais,
quand j'en voudrai un, je le chercherai moi-même. —
Voici le reste de la compagnie qui arrive. — Joliffe,
offrez du thé à ces messieurs; préparez la salle pour la
danse, et placez des tables à jouer dans le salon voisin.

CHAPITRE VIII.

———

L'APRÈS-DÎNÉE.

> « Les bouchons ont parti, les tonneaux sont percés;
> » On s'embrasse d'abord, après on se querelle. »
>
> PRIOR.

Si le lecteur a donné quelque attention aux mœurs de la race canine, il peut avoir remarqué que chacun des deux sexes qui la composent se conduit dans ses querelles d'une manière différente de l'autre. Les femelles sont acariâtres et pétulantes. Le mécontentement que produit en elles la présence d'une rivale s'annonce tout à coup par un aboiement et par un coup de dents, dont elles tirent en général le plus grand intérêt possible. Mais ces ébullitions de mauvaise humeur n'ont pas ordinairement de suites sérieuses; l'affaire est presque aussitôt finie que commencée. Il n'en est pas de même de la colère des mâles; une fois qu'elle est provoquée et qu'un grognement réciproque a proclamé le cartel et son acceptation, il en résulte presque toujours un combat furieux et opiniâtre; et, si les combattans sont des chiens de courage et de forces à peu près égales, ils s'attaquent, se mordent, se déchirent, se roulent dans le ruisseau, et l'on ne peut les séparer qu'en les tirant par le collier, de manière à leur faire perdre la respiration et desserrer les dents, ou en les inondant d'un déluge d'eau fraîche.

Ce tableau, quoique d'un genre peu noble, peut s'appliquer à la race humaine. Tandis que les dames qui prenaient le thé à l'hôtel du Renard étaient engagées dans les légères escarmouches que nous venons de rapporter, les hommes, restés dans la salle à manger, furent plus d'une fois sur le point de se quereller plus sérieusement.

Nous avons expliqué les divers motifs qui portaient M. Mowbray à regarder d'un œil défavorable l'étranger qu'une invitation générale avait amené aux eaux de Saint-Ronan, et la conduite de Tyrrel ne contribuait pas peu à les entretenir; car, quoiqu'elle fût marquée au coin de la plus parfaite politesse, elle indiquait un sentiment d'égalité, qui, aux yeux du jeune laird de Saint-Ronan, était le comble de la présomption.

Quant à sir Bingo, il avait déjà commencé à concevoir contre le nouveau venu cette haine qu'un esprit bas et étroit nourrit toujours contre un antagoniste devant lequel sa conscience lui dit qu'il a fait une retraite peu honorable. Il n'avait pas oublié le ton, le regard et la manière dont Tyrrel avait répondu à ses questions impertinentes; et, quoique dans le moment il s'en fût senti écrasé, c'était un affront qui ne vivait dans son souvenir que pour y faire naître le désir de la vengeance. Tout en buvant son vin, une sorte de courage, qualité dont il manquait à jeun (car il réprimait alors son caractère querelleur), commença à enflammer sa malignité, et il laissa percer sa rancune en plusieurs occasions, en donnant à Tyrrel des démentis que l'honnêteté ne pouvait permettre entre personnes qui se connaissaient si peu, et sans aucune provocation. Tyrrel s'aperçut de sa mauvaise humeur, et la méprisa, le regardant comme un écolier qui ne méritait pas qu'on répondît à ses sottises.

Un des prétextes que saisit le baronnet pour se livrer à sa grossièreté, était certes des plus frivoles. On parlait de chasse, sujet de conversation le plus intéressant pour de jeunes gentilshommes campagnards écossais, et Tyrrel avait dit quelques mots d'un très-beau chien couchant, qu'il n'avait pas avec lui dans ce moment, mais qu'il attendait dans le cours de la semaine suivante.

— Un chien couchant? répéta sir Bingo en ricanant; vous voulez dire un chien d'arrêt sans doute?

— Non, monsieur, répondit Tyrrel; je connais parfaitement la différence qui existe entre un chien couchant et un chien d'arrêt; et je sais que le premier n'est plus à la mode parmi les chasseurs modernes. Mais j'aime mon chien, autant comme un compagnon que pour ses talens à la chasse; or un chien couchant a plus de sagacité, plus d'attachement, il est plus à sa place, étendu sur le tapis en face du feu, qu'un chien d'arrêt; non pas que celui-ci manque d'intelligence, mais il est, en général, tellement maltraité par les brutaux chargés de le dresser, qu'il perd toutes ses qualités, excepté celle de trouver le gibier et de le tenir en arrêt.

— Et qui diable peut lui en demander davantage? dit le baronnet.

. — Bien des gens, sir Bingo, répliqua Tyrrel, ont pensé que les chiens et les hommes peuvent avoir quelque talent pour la chasse, et ne pas savoir jouer un rôle aimable dans la société.

— C'est-à-dire être pique-assiette et lécher les plats, grommela le baronnet *sotto voce*. Mais il ajouta d'une voix plus haute et plus distincte : — J'ai toujours entendu dire qu'un chien couchant n'était bon qu'à marcher sur les talons d'un braconnier.

— Eh bien, sir Bingo, dit Tyrrel, vous apprenez le contraire aujourd'hui, et j'espère que vous ne tomberez plus dans une telle méprise.

L'homme de paix, le capitaine Mac Turk, sembla croire en ce moment que son intervention était indispensable, et surmontant son penchant à la taciturnité, il prit la parole à son tour :

— De par Dieu! s'écria-t-il, je vois que vous attendez mon opinion sur ce point. Eh bien, mon opinion, c'est qu'il n'y a pas lieu à disputer sur cela, car, de par Dieu! voyez-vous, vous avez tous deux raison. Mon excellent ami sir Bingo, qui a des écuries et des chenils, et Dieu sait quoi, peut avoir raison, de par Dieu! d'avoir les six vilaines bêtes que j'entends tous les jours et toute la nuit aboyer et hurler sous ma fenêtre; et, si elles continuent long-temps sur un pareil train, je veux mourir si je ne désire pas qu'elles aillent aboyer et hurler ailleurs. Mais il y a bien des gens qui, au fond, peuvent être aussi bons gentilshommes que mon digne ami sir

Bingo, quoiqu'ils soient pauvres, comme je puis l'être,
— comme peut l'être l'honorable M. Tyrrel que voilà;
or est-ce une raison pour que lui ou moi nous ne puissions pas avoir une bête pour en prendre notre plaisir
à la chasse ou ailleurs? Et, si nous n'avons pas d'écurie
ou de chenil pour la loger, de par Dieu! qui nous empêche de la placer dans notre chambre à coucher ou
dans notre salon, d'autant plus que la mère Dods tient
sa cuisine trop chaude. Ainsi donc, si M. Tyrrel trouve
qu'un chien couchant lui convient mieux qu'un chien
d'arrêt, de par Dieu! je veux mourir si je connais aucune loi qui le lui défende.

Si ce discours paraît un peu long pour la circonstance, le lecteur voudra bien réfléchir que les idées
qui le composent se présentaient probablement à l'esprit du capitaine Mac Turk dans la langue d'Ossian,
langue qui est pleine de périphrases, et qu'en le pro-
nonçant, il avait l'embarras d'être obligé de les tra-
duire en anglais.

L'homme de loi répondit à l'homme de paix : — Pour
cette fois, capitaine, vous vous trompez. Il existe une
loi contre les chiens couchans, et je me charge de prouver que c'est l'espèce de chiens dont il est question dans
les anciens statuts d'Écosse, et qu'il est défendu de garder et entretenir à peine d'une amende de...

Le capitaine l'interrompit avec un air de dignité solennelle. — Voyez-vous, M. Micklewham, lui dit-il, je
vous demanderai ce que vous entendez en me disant
que je me trompe, et cela, de par Dieu! à propos de
chiens. Je vous prie, monsieur, de croire et de faire
bien attention que jamais je ne me suis trompé, si ce
n'est quand je vous ai pris pour un homme comme il faut.

— Je n'ai pas dessein de vous offenser, capitaine,
dit le procureur; ne brisez pas la verge de paix, vous
qui êtes chargé de la faire respecter. — Et se penchant
à l'oreille de son patron, le laird de Saint-Ronan : —
C'est un vieux basset des montagnes, qui mord tout ce
qui l'approche, lui dit-il; mais j'ai une chose à vous
dire, Mowbray, c'est que, sur mon ame et conscience,
je crois que c'est contre ce Tyrrel que voilà, et contre
je ne sais quel autre, que j'ai obtenu, du temps de votre
père, un mandat de comparution devant les juges pour
avoir braconné dans les marais de Spring-Wellhead.

— En vérité! lui répondit le laird aussi à voix basse;
eh bien, je vous remercie de m'avoir fourni une raison
qui justifie la mauvaise idée que j'en avais conçue. —
Je savais bien que ce n'était que quelque vagabond;
mais je vais le démasquer! de par le ciel!

— Chut! paix! soyez prudent, Saint-Ronan; retenez
votre langue. — Je portai l'affaire, comme je vous le disais, d'après le désir de votre père, devant la cour des
sessions. Mais, je ne sais pas trop comment, le vieux
clerc du shériff prit le jeune homme sous sa protection;
quelques juges crurent qu'il n'avait commis qu'une erreur de limites, et nous ne pûmes obtenir un jugement.
Votre père était alors fort malade de la goutte. Je ne
voulais pas le tourmenter; de sorte que je laissai as-
soupir l'affaire de peur qu'il ne fût complètement ab-
sous. Vous voyez donc, Saint-Ronan, qu'il faut filer
doux; car, quoiqu'il ait été accusé, il n'a pas été
condamné.

— Et vous ne pouvez faire revivre l'affaire?

— La faire revivre! Bon! il y a six ou sep* an qu'elle
est morte de prescription. Il est bien fâcheux, Saint-

Ronan, que les lois sur la chasse, qui sont la meilleure
protection que puissent avoir les gentilshommes de
campagne contre les usurpations de leurs inférieurs,
fixent un délai si court pour la prescription. Il en résulte qu'un braconnier peut vous échapper en sautant à
droite et à gauche, comme une puce sur une couverture (excusez-moi), vous faire courir à son gré, en
sautant comme une pie d'un comté dans un autre; et
à moins que vous ne puissiez mettre le pouce sur lui à
temps, vous pouvez avoir pour dîner une prescription, et pour souper un *absolvatur*.

— Oui vraiment, cela est très-fâcheux, répondit le
laird à haute voix en semblant s'adresser en général à
toute la compagnie, mais en fixant les yeux sur Tyrrel
avec un air d'intention.

— Qu'y a-t-il de si fâcheux, monsieur? lui demanda
Tyrrel, s'apercevant que cette observation paraissait
être dirigée contre lui.

— Que nous ayons tant de braconniers sur nos marais, répondit le laird. Je regrette quelquefois d'avoir
contribué à l'établissement de ces eaux, quand je pense
au nombre de fusils qu'elles attirent tous les ans sur
mes propriétés.

— Fi donc, Saint-Ronan! fi donc! s'écria son conseil. Regretter d'avoir établi les eaux! et que devien-
drait le pays sans elles? Je voudrais bien le savoir. On
n'a rien fait de plus avantageux pour les environs, depuis l'an 1745. — Non, non, ce ne sont pas les eaux
qu'il faut accuser des délits que commettent les braconniers. C'est dans le vieux village qu'il faut chercher
la trace de ces bandits-là. Ici, aux eaux, nos réglemens sont clairs, et ils sont loin de les protéger.

—Je ne puis m'imaginer, reprit Mowbray, quelle raison a pu avoir mon père pour vendre notre ancienne maison au père de la vieille sorcière, qui en a fait un cabaret qu'elle tient ouvert tout exprès, je crois, pour y loger des braconniers et des vagabonds. — Je ne conçois pas pourquoi il a fait une telle folie.

— Probablement parce qu'il avait besoin d'argent, monsieur, dit Tyrrel d'un ton sec, et parce que le père de ma digne hôtesse, Meg Dods, en avait. — Je présume, monsieur, que vous n'ignorez pas que je loge chez elle?

—Oh, monsieur, répondit Mowbray d'un ton de civilité goguenarde, vous ne pouvez supposer que je n'excepte pas les personnes présentes. J'ai seulement mis en fait que nous sommes inondés de gens qui viennent chasser sur nos terres sans y être autorisés. — J'espère que je forcerai la vieille Dods à fermer sa boutique. — C'était la même chose du temps de mon père, je crois, Mick?

Mais le procureur, à qui les regards de Tyrrel n'inspiraient pas le désir de se mettre en avant en cette occasion, se borna à adresser à la compagnie, en général, quelques mots mal articulés, et dit à l'oreille de son patron de ne pas *éveiller le chat qui dormait.*

—Je ne puis souffrir ce drôle, lui répondit Saint-Ronan, et pourtant je ne saurais trop dire pourquoi je ne puis le souffrir. Au surplus, ce serait une folie de me faire une dispute avec lui à propos de rien : ainsi, mon cher Mick, je me tiendrai tranquille, si je le puis.

— Et pour le pouvoir, ajouta le procureur, je crois que vous feriez bien de ne pas boire davantage.

— Je pense de même, répondit Mowbray; car cha-

que verre que je bois en sa compagnie m'échauffe le
sang. — Cependant cet homme ne diffère en rien des
autres, mais il y a en lui je ne sais quoi qui m'est in-
supportable.

A ces mots, il recula sa chaise, se leva, et *regis ad
exemplar*, suivant l'exemple du laird, toute la compagnie en fit autant.

Sir Bingo ne quitta la table que le dernier, et avec
une répugnance manifestée par une espèce de grognement trois fois répété, en suivant ses amis dans une
espèce d'antichambre ou de grand vestibule qui conduisait de la salle à manger dans celle où l'on prenait
le thé. Là, tandis que chacun prenait son chapeau pour
aller joindre les dames (ce qu'on ne faisait autrefois
que pour aller au grand air), Tyrrel pria un laquais
en livrée, placé entre lui et cette partie de ses propriétés, de lui donner le chapeau qui était derrière lui
sur la table.

— Appelez votre domestique, monsieur, répondit le
drôle avec toute l'insolence du valet d'un maître in-
solent.

— Votre maître, mon ami, dit Tyrrel, aurait dû
vous apprendre à mieux vous conduire avant de vous
amener ici.

— Mon maître est sir Bingo Binks, monsieur, répondit le laquais avec la même impertinence.

— Allons, Bingo! allons! dit Mowbray, qui savait que
le vin avait fait monter le courage du baronnet assez
haut pour lui faire accepter le combat.

— Oui, s'écria sir Bingo d'une voix plus sonore et
mieux articulée que de coutume, ce garçon est à moi.
— Qu'a-t-on à y dire?

— Quant à moi, j'ai la bouche close, répondit Tyr-rel avec le plus grand sang-froid : j'aurais été surpris de trouver le domestique de sir Bingo mieux élevé que son maître.

— Qu'entendez-vous par là, monsieur? s'écria le baronnet en s'avançant vers lui dans une attitude offensive, car il avait assez bien profité des leçons qu'il avait prises d'un fameux boxeur; qu'entendez-vous par là? du diable si je ne vous fais connaître à qui vous parlez, avant que vous ayez crié gare!

— Et moi, sir Bingo, répondit Tyrrel, à moins que vous ne changiez à l'instant de ton et de manières, je vous ferai sentir le poids de ce bâton avant que vous ayez le temps de crier à l'aide.

Il tenait en ce moment une grosse canne qu'il brandit de manière à prouver qu'il maniait parfaitement le bâton à deux bouts. Cette démonstration donna à penser à sir Bingo que la prudence exigeait qu'il reculât, quoiqu'il eût derrière lui de bons amis qui, par zèle pour son honneur, auraient préféré qu'il eût les os brisés plutôt que de le voir faire une retraite déshonorante; et Tyrrel parut avoir quelque inclination à leur procurer ce plaisir. Mais, pendant qu'il avait encore le bras levé, et que les spectateurs étaient dans l'incertitude de ce qu'il allait faire, une voix lui dit tout bas derrière lui, mais avec emphase : — Êtes-vous homme?

Le ton inimitable avec lequel notre incomparable Siddons (1) avait coutume d'électriser la scène, quand elle prononçait les mêmes mots, ne produisit jamais sur aucun de ceux qui les entendirent un effet aussi

(1) Dans Macbeth. — ÉD.

puissant. Tyrrel oublia tout, sa querelle, la compagnie, les circonstances dans lesquelles il se trouvait. La foule qui l'entourait n'existait plus pour lui. Il semblait ne plus vivre que pour suivre la personne qui venait de lui parler. Il se retourna sur-le-champ; mais sa promptitude ne fut pas encore égale à celle de la personne qu'il cherchait; car au milieu de tous les êtres qui l'environnaient, il n'en vit aucun dont les traits pussent s'accorder avec les sons qui avaient tant d'empire sur lui.

—Rangez-vous, dit-il à ceux qui se pressaient autour de lui, du ton d'un homme décidé à se frayer un chemin au milieu d'eux si on lui refusait le passage.

— Monsieur, lui dit Mowbray en s'avançant vers lui, ce ton ne vous réussira pas. Vous n'êtes pour nous qu'un étranger, et vous vous donnez des airs qui conviendraient à peine à un prince ou à un duc. — Il faut que nous sachions qui vous êtes, et ce que vous êtes, avant que nous vous permettions de semblables libertés.

Ce discours sembla refroidir la colère de Tyrrel, et calmer l'impatience qu'il avait de se retirer. Il se tourna vers Mowbray, et lui répondit après un instant de réflexion : — Monsieur Mowbray, je n'ai dessein d'avoir une querelle ici avec personne, et, je vous prie d'en être assuré, avec vous encore moins qu'avec qui que ce soit. J'y suis venu par invitation; bien certainement sans m'attendre à beaucoup de plaisir, mais en supposant du moins que je n'y éprouverais pas d'incivilité. Je vois que je me suis trompé sur ce dernier point, et en conséquence je prends congé de la compagnie, et je vais faire mes adieux aux dames.

A ces mots il fit quelques pas, quoique d'un air irré-

solu, jusqu'à la porte du salon où étaient les tables de
jeu. Arrivé là, il s'arrêta tout à coup, à la nouvelle
surprise de la compagnie, murmura quelques mots sur
ce que le moment n'était pas convenable, tourna sur
ses talons, et voulut regagner la porte qui conduisait dans le vestibule.

— Que diable, sir Bingo, dit Mowbray, qui semblait se plaire à pousser son ami dans une nouvelle querelle, le laisserez-vous partir ainsi? Ne voyez-vous pas
qu'il saigne du nez?

Excité par ce peu de mots, Sir Bingo prit un air me-
naçant, et alla se placer devant Tyrrel pour lui barrer
le chemin. Mais celui-ci, le regardant avec mépris et
l'appelant sot imbécile, le saisit par le collet, le fit pi-
rouetter, et l'écarta avec quelque violence.

— Si quelqu'un veut me parler, s'écria-t-il alors en
se retournant vers la compagnie, il me trouvera à l'auberge du vieux village de Saint-Ronan; et, sans attendre de réponse, il quitta l'appartement et sortit de
l'hôtel. Il s'arrêta pourtant à la porte avec l'air incer-
tain d'un homme qui ne sait trop où il doit aller, et
qui désire faire une question qui expire sur ses lèvres.
Enfin ses yeux tombèrent sur un palefrenier qui, à
quelques pas de lui, tenait par la bride un beau cheval
ayant une selle de femme; il s'avança vers lui.

— Ce cheval, lui demanda-t-il, appartient-il à...,
mais il sembla ne pouvoir prononcer le reste de la
question.

— A miss Mowbray, monsieur, répondit le palefrenier, comme s'il eût entendu la demande tout entière.
Elle va partir, et je l'attends ici. — Un joli cheval de
dame, monsieur.

— Elle retourne donc au château des Shaws par la route de Buckstane?

— Je le suppose, monsieur; c'est le chemin le plus court, et miss Clara ne s'inquiète guère s'il est bon ou mauvais : haies ou fossés, rien ne l'arrête.

Tyrrel le laissa, et s'éloigna de l'hôtel non par la route du vieux village, mais par un sentier qui, traversant un taillis et accompagnant le cours du ruisseau, coupait le grand chemin qui conduisait au château des Shaws, demeure de M. Mowbray, et passait par un site romantique nommé Buckstane (1).

Dans une petite péninsule formée par les détours du ruisseau s'élevait, sur un monticule, un pilier formé de grosses pierres brutes, et, d'après la tradition, construit pour conserver le souvenir d'un cerf remarquable par sa taille, sa force et sa légèreté, qui, après avoir été couru pendant tout un long jour d'été, était venu mourir en cet endroit, à l'honneur et gloire de quelque ancien baron de Saint-Ronan et de ses chiens. Dans les coupes périodiques de bois, que les besoins de la famille de Saint-Ronan ramenaient plus souvent que Ponty ne l'aurait jugé convenable, on avait épargné, dans le voisinage de ce grossier obélisque, quelques chênes assez vieux peut-être pour avoir entendu les fanfares et les cris de triomphe qui célébrèrent la chute de ce noble animal, et pour avoir vu élever le monument destiné à la commémoration de ce grand événement. Ces arbres, dont les branches touffues s'étendaient bien loin, produisaient presque le crépuscule en plein midi, et en ce moment où le soleil

_____

(1) La pierre du cerf. — Tr.

était prêt à disparaître sous l'horizon, leur ombre ressemblait déjà à celle de la nuit. Une obscurité presque complète régnait surtout dans un endroit où quelques branches entrelacées couvraient un fossé assez profond qui traversait le sentier, à environ une portée de la pyramide. Comme il existait une grande route pour aller au château des Shaws, le soin de ce chemin de traverse était abandonné à la nature; il était rempli de grosses pierres, et coupé par plusieurs fossés : délicieux pour le voyageur ami du pittoresque, il était incommode et même dangereux pour celui dont le cheval n'avait pas le pied sûr.

Le sentier destiné aux piétons, conduisant à Buckstane, où il rejoignait le chemin que nous venons de décrire, avait été pratiqué au moyen d'une souscription, par M. Winterblossom. Ce digne président avait assez de goût pour sentir les beautés de cet endroit retiré, qui, dans un temps plus reculé, aurait été précisément ce qu'aurait pu désirer un chef de maraudeurs pour y dresser une embuscade. Tyrrel n'avait pas oublié ce lieu, qu'il connaissait parfaitement, comme tous les environs, et il se hâta de s'y rendre, le trouvant particulièrement favorable à l'exécution de son projet. Il s'assit au pied d'un des plus gros arbres dont les branches énormes l'empêchaient de pouvoir être aperçu, mais lui permettaient de voir, jusqu'à une distance assez considérable, le chemin qui venait de l'hôtel, tandis qu'il restait comme invisible lui-même.

Cependant son départ soudain produisit une grande sensation parmi la compagnie qu'il venait de quitter, et l'on en tirait même des conclusions qui ne lui étaient nullement avantageuses. Sir Bingo surtout tempêtait

contre lui avec une violence qui croissait à mesure que
la distance qui le séparait de son antagoniste augmen-
tait. Il jura qu'il punirait le drôle de son insolence,
qu'il le chasserait du pays, avec d'autres menaces plus
formidables les unes que les autres. Le diable, dans
toutes les vieilles histoires, ne manque jamais de se
trouver à côté de celui qui forme des projets diabo-
liques, et qui n'a besoin que d'un coup de main de
l'esprit de ténèbres pour l'aider à les mettre à exécution. Le noble capitaine Mac Turk avait ce trait de ressemblance avec sa majesté infernale, que la moindre
apparence d'une querelle l'attirait toujours sur les talons d'une des parties. Il était alors à côté de sir Bingo,
et en sa qualité d'homme de paix, il expliquait comment il envisageait cette affaire.

— De par Dieu! mon ami sir Bingo, cela est parfaitement vrai, voyez-vous; et, comme vous le dites, il y
va de votre honneur, de l'honneur de cet établissement,
de l'honneur de toute la compagnie, que cette affaire
se termine convenablement; car, de par Dieu! il a
porté la main sur vous, à ce qu'il me semble, mon
excellent ami.

— Sur moi! s'écria le baronnet avec quelque confusion. Non, de par le diable! capitaine Mac Turk, il
n'a pas pris une telle licence; s'il s'en était avisé, je
l'aurais fait sortir par la fenêtre. Mais, de par le diable!
il est très-vrai que le misérable a osé toucher le collet
de mon habit, et je me disposais à le châtier quand le
poltron a pris la fuite.

— Vous avez raison, sir Bingo, grandement raison,
dit l'homme de loi. — C'est un misérable, un vagabond, un braconnier; mais j'en débarrasserai le pays

avant qu'il se passe trois jours; ainsi ne vous mettez plus en peine de cette affaire, sir Bingo.

— Mais, de par Dieu! M. Micklewham, s'écria l'homme de paix avec un air de dignité, je vous dirai que vous vous brûlez la langue dans le potage d'un autre, et que par respect et par égard pour l'honorable compagnie réunie aux eaux de Saint-Ronan, et pour son honneur, il est indispensable que sir Bingo, dans cette affaire, suive les avis de personnes plus en état que vous de lui en donner. Vos conseils peuvent être fort bons pour recouvrer une petite dette dans une cour de justice; mais, de par Dieu! il s'agit ici d'une question d'honneur, M. Micklewham, et c'est une chose qui n'a rien de commun avec votre profession, voyez-vous.

— Non, Dieu merci, répondit le procureur. — Emparez-vous donc de cette affaire, capitaine, et faites-en tout ce qu'il vous plaira.

— En ce cas, sir Bingo, dit Mac Turk, je vous prierai de me faire l'honneur de m'accompagner dans la chambre à fumer. Nous demanderons un cigare et un verre de wiskhy, et nous examinerons ce qu'il convient de faire dans la circonstance présente pour l'honneur de la compagnie.

Le baronnet accepta cette invitation, autant peut-être par l'attrait qu'avait pour lui l'espèce d'accompagnement que le capitaine proposait à ses conseils belliqueux, que par suite du plaisir qu'il se promettait du résultat de ces conseils mêmes. Il suivit son conducteur, qui marchait en avant d'un pas militaire, et dont la démarche était plus raide et la taille plus perpendiculaire toutes les fois que son imagination était exaltée par l'idée d'une querelle prochaine. Arrivés dans la salle destinée aux fumeurs, sir Bingo alluma son cigare en soupirant, et se prépara à écouter les paroles de sagesse et de vaillance qui allaient découler des lèvres du capitaine Mac Turk.

Pendant ce temps, le reste de la compagnie était allé rejoindre les dames.

— Nous avons vu Clara, dit lady Pénélope à M. Mowbray; elle a paru ici comme un rayon du soleil qui ne fait que briller et s'évanouir.

— La pauvre Clara! répondit le laird. — Il m'a semblé en effet que je l'avais vue traverser le vestibule, il n'y a qu'un instant; mais je n'en suis pas bien sûr.

— Elle nous a invités à aller faire un déjeuner à la fourchette aux Shaws, jeudi prochain. J'espère que vous confirmerez l'invitation de votre sœur, M. Mowbray ?

— Bien certainement, milady; et je suis charmé que Clara ait eu le mérite d'y songer. Mais comment y serez-vous reçus ? c'est une autre question : car ni elle ni moi nous ne sommes guère accoutumés à faire les honneurs d'une maison.

— Je suis sûre que ce sera une partie délicieuse. — Clara met de la grace à tout ce qu'elle fait; et vous, M. Mowbray, vous savez être un homme du meilleur ton, quand cela vous plaît.

— Cette réserve est un peu sévère, milady. — N'importe; le bon ton sera ma devise jeudi, et il me plaira certainement de ne rien négliger pour bien accueillir Votre Seigneurie aux Shaws, où il y a bien long-temps que nous n'avons reçu compagnie. — Clara et moi, nous avons vécu un peu en reclus, chacun à notre manière.

— En vérité, M. Mowbray, dit lady Binks, si vous me permettez de vous le dire, je crois que vous ne devriez pas souffrir que votre sœur coure ainsi les champs sans que personne l'accompagne. — Je sais que nulle femme ne monte mieux à cheval que miss Mowbray; mais encore un accident peut arriver.

—Un accident, lady Binks! répliqua Mowbray; il en arrive aussi souvent aux dames qui sont accompagnées qu'à celles qui ne le sont pas.

Lady Binks, qui, avant son mariage, avait fait plus d'une promenade dans les bois des environs, escortée par sir Bingo, rougit, se mordit les lèvres, et ne répondit rien.

— D'ailleurs, ajouta Mowbray d'un ton plus léger, quel risque court-elle après tout? Nos bois ne contiennent pas de loups pour dévorer nos jolis petits Chaperons-Rouges. Il ne s'y trouve pas plus de lions, excepté ceux de la suite de lady Pénélope.

— Attelés au char de Cybèle, dit M. Chatterly.

Heureusement lady Pénélope ne connaissait pas assez la mythologie pour comprendre cette allusion, dont elle n'aurait probablement pas su beaucoup de gré au révérend ministre.

— Mais à propos, dit-elle, qu'avez-vous fait de celui qui est aujourd'hui le grand lion de notre ménagerie? Je ne vois nulle part M. Tyrrel. Tient-il compagnie à sir Bingo pour finir une dernière bouteille?

— M. Tyrrel, milady, répondit Mowbray, a joué successivement le lion rampant et le lion passant (1). Il s'est montré querelleur, et il a fui devant la colère de votre valeureux chevalier, lady Binks.

(1) Termes de blason. Tr.

— J'espère qu'il n'en est rien, dit lady Binks ; les campagnes malheureuses de mon chevalier n'ont pu l'emporter sur le goût qu'il a pour les querelles. Une victoire en ferait un tapageur pour toute sa vie.

— Ce pourrait être une source de consolation, dit Winterblossom à part à Mowbray ; il est rare que les tapageurs vivent long-temps.

— Non, non, répondit Mowbray, la consternation que montre lady Binks en dépit d'elle-même est fort naturelle. Sir Bingo ne lui offrira jamais aucune chance de ce côté.

Mowbray salua alors lady Pénélope, et en réponse à l'invitation qu'elle lui fit d'aller joindre les danseurs ou les joueurs, il lui dit qu'il n'avait pas un instant à perdre.

— L'attente de ce qui doit avoir lieu jeudi fera certainement perdre l'esprit à nos vieux domestiques, dit-il ; et, comme il est sûr que Clara ne voudra pas prendre sur elle de donner aucun ordre à ce sujet, l est nécessaire que j'en prenne la peine moi-même.

— Si vous pressez un peu votre cheval, lui dit lady Pénélope, vous pouvez nous éviter une alarme, même momentanée, en rejoignant Clara, cette chère créature, avant qu'elle arrive chez vous. Elle laisse quelquefois marcher son cheval d'un pas aussi lent que la monture de Betty Foy (1).

— Mais aussi, dit miss Maria Diggs, miss Mowbray galope quelquefois d'un tel train que l'alouette semble un limaçon près de son cheval. Rien qu'à la voir on tremble de peur.

(1) Héroïne d'une ballade de Wordsworth. — Ed.

Le docteur toucha le bras de mistress Blower qui avait avancé sa chaise pour être à portée du cercle de la haute compagnie, quoiqu'elle ne se fût pas hasardée à y prendre place. Ils échangèrent un regard d'intelligence, et secouèrent la tête d'un air de compassion. Mowbray avait par hasard les yeux fixés sur eux en ce moment, et malgré le soin qu'ils prirent à la hâte de donner à leurs traits une autre expression, il devina ce qui se passait dans leur esprit, et peut-être des pensées à peu près semblables s'éveillèrent-elles en lui. Il prit son chapeau, et sortit de l'appartement avec un air pensif qu'on remarquait en lui bien rarement. Un moment après, le bruit des pas de son cheval sur le pavé annonça qu'il s'en allait au grand trot.

— Il y a ce soir quelque chose de singulier dans Mowbray, dit lady Pénélope; Clara, pauvre cher ange! est toujours un peu fantasque; mais j'aurais cru que le laird avait trop de sagesse humaine pour être si bizarre. Pourquoi consultez-vous votre *souvenir* avec tant d'attention, ma chère lady Binks?

—Uniquement pour voir à quel quantième de la lune nous sommes, répondit-elle en fermant un petit almanach relié en écaille de tortue, et en le remettant dans son *ridicule;* après quoi elle aida lady Pénélope à faire tous les arrangemens nécessaires pour passer la soirée.

CHAPITRE IX.

L'ENTREVUE.

> « Comme deux habitans du royaume des ombres,
> » Nous nous parlons un langage muet. »
>
> *Anonyme.*

CHERCHANT à se cacher avec le même soin qu'un chasseur à l'affût ou un Indien guettant son ennemi, mais dans des intentions bien différentes, derrière un des vieux chênes dont nous avons parlé dans le chapitre précédent, Tyrrel se tenait couché sur la poitrine près de Buckstane, les yeux fixés sur les détours du chemin dans la vallée, et l'oreille alerte à saisir le moindre son qui se mêlait au souffle des vents ou au murmure du ruisseau.

— L'aborder dans cette réunion de brutes et de fous,

14.

pensait-il, c'eût été une véritable démence, presque
égale à la lâche crainte qui m'a empêché jusqu'ici de
me présenter à elle, quand nous aurions pu avoir cette
entrevue importante sans témoins. Mais à présent, ma
résolution est prise, et le lieu est favorable pour l'exécuter. Je n'attendrai pas que le hasard nous réunisse
encore au milieu de cent témoins indiscrets occupés à
nous épier, et à chercher d'un air ébahi l'explication
de ces sentimens qu'il me serait peut-être impossible
de ne pas exprimer. — Chut! j'entends le bruit des
pas d'un cheval, non, ce n'est que celui des cailloux
sur lesquels roule la rivière. J'espère qu'elle n'a pas
pris la grande route pour retourner au château des
Shaws. Non : le bruit devient plus distinct. Je la vois
qui s'avance sur le sentier. Aurai-je le courage de me
montrer? Oui. L'instant est arrivé, et n'importe ce qui
peut s'ensuivre.

Et cependant à peine avait-il formé cette résolution
qu'il hésita de nouveau en réfléchissant sur la manière
dont il la mettrait à exécution. Se faire voir à une certaine distance, c'était donner à Clara le temps de retourner sur ses pas et d'éviter l'entrevue à laquelle il
était déterminé. Rester caché jusqu'au moment où elle
passerait près de lui, c'était risquer d'effrayer son
cheval, ce qui n'était pas sans danger pour elle-même.
Et, s'il délibérait plus long-temps, il pouvait perdre
l'occasion de parler à miss Mowbray. Bien résolu à ne
s'exposer ni à l'un ni à l'autre de ces dangers, il prit à
la hâte la résolution désespérée de profiter du moment,
et comme le chemin, un peu escarpé en cet endroit,
obligeait le cheval à ralentir le pas, il se plaça lui-même
au milieu du sentier.

Dès que Clara l'aperçut, elle tira la bride de son cheval, et s'arrêta comme frappée de la foudre. — Clara ! Tyrrel ! furent les seuls mots qu'ils purent prononcer dans le premier instant; mais bientôt Tyrrel osa s'approcher d'elle, lentement il est vrai. Alors miss Mowbray s'écria vivement : — Arrêtez ! arrêtez ! je puis endurer votre présence de loin, mais, si vous approchez davantage, vous me ferez perdre l'esprit.

— Que craignez-vous? lui demanda Tyrrel d'une voix tendre, mais concentrée, que pouvez-vous craindre? et il continua à s'avancer jusqu'à ce qu'ils ne fussent plus qu'à un pas l'un de l'autre.

Cependant Clara, laissant échapper la bride, joignit les mains, les leva vers le ciel, et s'écria d'une voix à peine intelligible : — Grand Dieu ! si cette apparition est l'ouvrage de mon imagination exaltée, faites qu'elle se dissipe ! si elle est réelle, donnez-moi la force de la supporter ! — Francis Tyrrel, je vous en conjure, est-ce bien vous que je vois en ce moment; ou n'est-ce qu'une de ces visions passagères qui se sont si souvent présentées à mon esprit, mais qu'un seul regard suffit pour faire évanouir?

— Oui, je suis Francis Tyrrel, répondit-il, — aussi vrai que celle à qui je parle est Clara Mowbray.

— En ce cas, que Dieu ait compassion de nous, dit Clara avec l'accent de l'émotion.

— Dieu le veuille ! répondit Tyrrel. Mais pourquoi cette agitation excessive, miss Mowbray? Vous m'avez vu il n'y a qu'un instant. Vous m'avez parlé quand j'étais au milieu d'étrangers. Pourquoi n'êtes-vous pas plus calme quand nous sommes dans un lieu où nul œil ne peut nous voir, où nulle oreille ne peut nous entendre?

— Cela est donc vrai? C'est donc bien vous que j'ai
vu tout à l'heure? Je le pensais ainsi, et je me souviens
que je vous ai dit quelque chose; mais mon esprit s'est
un peu troublé depuis que je ne vous ai vu. A présent,
je suis bien, très-bien. J'ai invité là-bas tout le monde
à venir aux Shaws; mon frère avait désiré que je le fisse.
J'espère que je vous y verrai, M. Tyrrel, quoiqu'il me
semble qu'il y a eu autrefois une querelle entre vous et
mon frère.

— Vous vous trompez, Clara. J'ai à peine vu votre
frère, répondit Tyrrel en proie à la plus vive affliction,
et ne sachant trop sur quel ton il devait lui parler pour
ne pas augmenter le désordre qui régnait dans son esprit, comme il ne pouvait plus en douter.

— C'est vrai, c'est vrai, dit-elle après un moment de
réflexion; mon frère était alors au collège. C'est avec
mon père, mon pauvre père que vous avez eu quelque
querelle. Mais vous viendrez aux Shaws jeudi à deux
heures? John sera charmé de vous voir. Il est aimable
quand il veut. Nous parlerons du temps d'autrefois.
Mais il faut que je retourne au logis pour faire faire les
préparatifs. — Bonsoir.

Elle voulait continuer sa route; mais Tyrrel saisit la
bride du cheval.

— Je vous accompagnerai, Clara, lui dit-il avec douceur. La route est mauvaise et dangereuse; vous irez
moins vite. Je marcherai à côté de vous, et nous parlerons maintenant du temps d'autrefois, plus à notre aise
que si nous étions en compagnie.

— Vrai, très-vrai, M. Tyrrel; j'y consens de tout
mon cœur. Mon frère m'oblige quelquefois à aller en
compagnie là-bas, dans cet endroit que je déteste; et j'y

vais pour lui faire plaisir, et parce qu'on m'y laisse suivre mes fantaisies, venir et m'en aller comme il me plait. — Savez-vous, M. Tyrrel, que souvent, quand je suis là et que John a les yeux sur moi, je puis montrer autant de gaieté que si vous et moi nous ne nous étions jamais vus?

— Plût au ciel que nous ne nous fussions jamais vus? dit Tyrrel d'une voix tremblante, puisque cela devait finir ainsi.

— Et pourquoi l'affliction ne serait-elle pas la fin du péché et de la démence? Le bonheur naît-il jamais de la désobéissance? Le sommeil approche-t-il jamais d'un oreiller ensanglanté? Voilà ce que je me dis à moi-même, Tyrrel; il faut que vous appreniez à vous en dire autant, et alors vous supporterez vos chagrins avec autant de résignation que moi les miens. Si nous n'éprouvons que ce que nous méritons, pourquoi nous plaindrions-nous? Vous pleurez, je crois? N'est-ce pas un enfantillage? — On dit que les pleurs soulagent pourtant. Si cela est, continuez à pleurer, et je regarderai d'un autre côté.

Tyrrel faisait d'inutiles efforts pour reprendre assez de calme pour lui répondre.

— Pauvre Tyrrel, continua-t-elle après quelque instans de silence; pauvre Frank Tyrrel! — Mais peut-être direz-vous à votre tour: Pauvre Clara! Je ne suis pourtant pas si faible que vous; l'ouragan peut me faire plier, mais jamais il ne m'abattra.

Il y eut encore une longue pause, car Tyrrel ne savait réellement de quelle manière il pouvait parler à cette malheureuse jeune personne, sans risquer d'éveiller en elle des souvenirs pénibles à son cœur, et qui pou-

vaient même devenir dangereux dans l'état de sa santé.
Enfin ce fut encore elle qui reprit la parole.

— Mais que veut dire tout ceci, Tyrrel? Pourquoi
êtes-vous venu ici? Pourquoi vous ai-je trouvé tout
à l'heure criant et vous querellant au milieu d'une
troupe d'ivrognes et de tapageurs? Vous aviez plus de
bon sens et de sang-froid jadis. — Un autre, un autre,
que vous et moi nous avons connu autrefois, aurait pu
commettre une telle folie; cela eût été peut-être con-
forme à son caractère; mais vous, vous qui prétendez
à la sagesse! fi! fi! et, pendant que nous en parlons,
quelle sagesse avez-vous montrée en venant ici? quel
bien peut résulter du séjour que vous y faites? — Vous
n'y êtes sûrement pas venu pour ajouter à votre malheur
et au mien?

— Pour ajouter au vôtre! A Dieu ne plaise! s'écria
Tyrrel. Non, je ne suis venu ici que parce que je dé-
sirais, après avoir erré si long-temps dans le monde,
revoir l'endroit où toutes mes espérances sont ensevelies.

— Oui, ensevelies est bien le mot;.... ou flétries
comme une rose arrachée à l'instant où elle promettait
de fleurir. J'y ai souvent pensé, Tyrrel, et il y a des
momens, que le ciel me le pardonne, où je ne puis
guère penser à autre chose. Regardez-moi : vous vous
souvenez de ce que j'étais; voyez ce qu'ont fait de moi
le chagrin et la solitude.

Elle rejeta en arrière le voile qui entourait son chapeau, et qui avait jusqu'alors caché son visage. Tyrrel
leva les yeux sur elle; il reconnut les traits qu'il avait
vus autrefois briller de toute la fraîcheur de la beauté;
cette beauté restait encore, mais la fraîcheur avait dis-

paru. Ni l'exercice, ni l'agitation que lui avait occasio-
née une entrevue si inattendue, n'avaient pu rappeler
sur les joues de la pauvre Clara la plus légère teinte de
vermillon. On l'aurait prise pour une statue du plus
beau marbre.

— Est-il possible que le chagrin ait fait de tels ra-
vages! s'écria Tyrrel involontairement.

—Le chagrin est la maladie du cœur, dit Clara, et
la maladie du corps est sa sœur. Ce sont deux jumelles,
Tyrrel, et il est rare qu'elles soient long-temps séparées. Quelquefois la maladie du corps arrive la première; elle ternit l'éclat de nos yeux, elle paralyse nos
mains avant que le feu de notre cœur et de notre esprit
soit éteint. Mais, faites-y attention, sa cruelle sœur
vient bientôt à son tour avec son urne; elle jette une
froide rosée sur nos espérances, sur notre amour, sur
notre mémoire, sur nos sentimens, et elle nous prouve
que rien ne peut survivre à nos forces physiques.

—Hélas! dit Tyrrel, en sommes-nous arrivés là?

— C'est là, répliqua-t-elle, suivant le cours rapide et
irrégulier de ses propres idées, plutôt qu'elle ne com-
prenait le sens de l'exclamation que venait de lui arracher le chagrin; — c'est là qu'il faudrait toujours arriver, tant que des ames immortelles seront attachées à
des corps périssables. Il existera un temps, Tyrrel, où
il en sera tout autrement. Plût au ciel que ce temps fût
déjà arrivé!

Elle se tut, et parut occupée de réflexions mélanco-
liques que Tyrrel craignit de troubler. L'extrême vivacité avec laquelle elle parlait n'indiquait que trop
clairement le désordre de ses idées. Il fut obligé de
combattre lui-même ses propres angoisses et mille sou-

venirs pénibles; de peur que l'expression de son chagrin
ne lui portât encore plus de trouble dans l'esprit.

— Je n'aurais pas cru, dit-elle enfin, malgré le nombre d'années qui se sont écoulées depuis notre horrible
séparation; je n'aurais pas cru vous revoir avec tant de
calme et de raison. Mais, quoique nous ne puissions
jamais oublier ce que nous étions autrefois l'un pour
l'autre, tout est dit maintenant; nous ne sommes plus
qu'amis, n'est-il pas vrai?

Tyrrel se trouva incapable de lui répondre.

— Mais je ne dois pas rester ici, continua-t-elle, jusqu'à ce que la nuit devienne plus obscure. Nous nous
reverrons, Tyrrel, nous nous reverrons comme deux
amis, rien de plus. Vous viendrez me voir au château
des Shaws. Il n'est plus besoin de mystère à présent;
mon pauvre père est dans le tombeau, et ses prétentions
y dorment avec lui. — Mon frère John est bon, quoique quelquefois un peu sévère. — Je crois vraiment
qu'il m'aime, Tyrrel, quoiqu'il m'ait appris à trembler,
en lui voyant froncer le sourcil lorsque je suis en gaieté
et que je parle trop. — Mais il m'aime, je dois le croire
du moins, car je l'aime aussi. Et c'est pour lui que je
fais l'effort d'aller voir ces fous là-bas, et d'endurer
leurs folies. — Oui, tout considéré, je joue admirable-
ment bien la farce de la vie. Car, comme vous le savez,
nous ne sommes que des acteurs, et le monde n'est
qu'un théâtre.

— Et nous y avons joué une scène bien triste, bien
tragique, dit Tyrrel dans l'amertume de son cœur, mais
ne pouvant se réduire plus long-temps au silence.

— Cela n'est que trop vrai, Tyrrel; mais en est-il jamais autrement des engagemens contractés dans la jeu-

nesse et par la folie? — Vous et moi, comme vous le
savez, nous voulions jouer les rôles d'homme et de
femme, quand nous n'étions guère que des enfans.
Nous avons eu les passions de la jeunesse quand nous
étions presque encore en lisières; et c'est pourquoi
nous avons vieilli avant le temps. L'hiver de la vie est
arrivé pour nous avant que l'été en fût commencé. —
Ah! Tyrrel, j'ai pensé à tout cela bien souvent, bien
souvent! quand serai-je en état de penser à autre chose?

Ici la pauvre jeune fille se mit à pleurer amèrement, et ses
larmes coulèrent sans doute avec plus de liberté qu'elles
ne l'avaient fait depuis long-temps. Tyrrel continuait à
marcher à côté de son cheval, qui s'avançait à petits
pas vers le château des Shaws; mais il gardait le silence,
ne sachant comment s'y prendre pour ouvrir la bouche
sans courir le risque de donner l'éveil à ses propres
passions où à celles de l'infortunée Clara. Il s'était proposé de lui dire bien des choses, mais il ne s'était pas
attendu à la fâcheuse découverte du dérangement d'esprit qui, sans la priver entièrement de sa raison, l'éga-
rait par intervalles.

Enfin il lui demanda, avec autant de calme qu'il en
put feindre, si elle était satisfaite; s'il était possible de
rendre sa situation plus agréable; si elle avait quelque
sujet de plainte auquel il pût porter remède. Clara lui répondit avec douceur qu'elle était tranquille et résignée
quand son frère lui permettait de garder le logis; mais
que, lorsqu'elle était obligée de voir la société, elle
éprouvait le même changement qu'on peut supposer
qu'éprouve l'eau qui, après être restée quelque temps
paisible dans le bassin où elle prend sa source, en sort
tout à coup pour être précipitée du haut d'une cataracte.

— Mais mon frère croit avoir raison, ajouta-t-elle, et peut-être a-t-il raison en effet. Il y a des choses sur lesquelles nous pouvons nous appesantir trop long-temps. Et, quand il se tromperait, pourquoi ne ferais-je pas un effort sur moi-même pour lui plaire? Il y a si peu de personnes à qui je puisse causer maintenant peine ou plaisir! — Je suis encore gaie dans la conver-sation, Tyrrel; gaie pour un moment, comme lorsque vous me reprochiez d'être une jeune folle. Et mainte-nant je vous ai tout dit; mais il me reste une question à vous faire, une seule question, si je puis prendre sur moi de vous l'adresser :... *Vit-il encore?*

— Il vit répondit Tyrrel, mais d'une voix étouffée et si basse, qu'il fallait pour l'entendre toute l'attention que Miss Mowbray donnait à sa réponse.

— Il vit! s'écria-t-elle, il vit! Le sang n'est donc pas empreint sur votre main en traces ineffaçables! — Ah, Tyrrel, si vous saviez combien cette assurance me donne de joie!

— De joie! répliqua Tyrrel. De la joie de ce que le misérable qui a empoisonné notre bonheur vit en-core!...... et vit peut-être pour vous réclamer comme étant à lui!

— Jamais, Tyrrel, jamais! — il ne l'oserait! s'écria Clara d'un air égaré. — Tant que l'eau et l'acier pour-ront donner la mort; tant qu'il existera des rochers et des précipices. — Non, non! jamais!

— Calmez cette agitation, ma chère Clara, dit Tyr-rel; je ne savais ce que je disais. — Oui, il vit, mais bien loin, bien loin de nous, et j'espère qu'il ne reverra jamais l'Écosse.

Il en aurait dit davantage, mais Clara, agitée par la

crainte ou par la vivacité de ses sensations, frappa son cheval de sa houssine avec impatience, et l'animal plein d'ardeur, excité d'un côté tandis que Tyrrel le retenait de l'autre, devint intraitable, et commença à se cabrer avec tant de violence que Tyrrel craignant quelque accident, et connaissant d'ailleurs les talens de Clara en équitation, crut qu'il ne pouvait mieux pourvoir à sa sûreté qu'en lâchant la bride. Le coursier partit aussitôt avec la rapidité d'une flèche, et disparut bientôt aux yeux de Tyrrel.

Tandis qu'il réfléchissait s'il ne ferait pas bien de suivre miss Mowbray jusqu'aux Shaws, pour être à portée de la secourir en cas qu'il lui arrivât quelque accident, il entendit derrière lui un bruit qui annonçait un cheval arrivant au galop du côté de l'hôtel. Ne voulant pas être vu, il se cacha derrière un buisson, et le moment d'après il vit passer M. Mowbray de Saint-Ronan, accompagné d'un laquais, et suivant la route que sa sœur avait prise. Leur présence lui ôta toute inquiétude pour la sûreté de Clara, et fit disparaître le principal motif qu'il avait pour la suivre. Plongé dans de profondes et tristes réflexions sur ce qui venait de se passer, convaincu qu'un plus long séjour dans le voisinage de miss Mowbray ne pouvait que les rendre malheureux l'un et l'autre, et cependant ne sachant ni se résoudre à s'en éloigner, ni arracher de son cœur un sentiment qui en faisait en quelque sorte partie, il retourna à l'auberge du vieux village dans une cruelle anxiété.

En entrant dans son appartement, il se trouva sans lumière, et les servantes de mistress Dods ne furent pas aussi alertes à lui en procurer que l'aurait été un des garçons de Long (1). N'étant pas d'un caractère exigeant, et désirant d'ailleurs éviter en ce moment la nécessité de parler à qui que ce fût, même pour la moindre bagatelle, il descendit dans la cuisine pour y prendre lui-même ce qui lui manquait. Dans le premier moment, il ne remarqua pas que mistress Dods était elle-même au centre de son empire, et il fit encore moins d'attention à l'indignation qui ridait le front de la digne matrone. D'abord elle ne la fit paraître que par un soliloque composé d'interjections et de phrases sans suite, comme, par exemple : — Vraiment! belle besogne! joli exemple! troubler à une pareille heure une maison décente! tenir une auberge! autant vaudrait tenir un Bedlam.

Voyant que ses murmures n'attiraient pas l'attention de Tyrrel, elle alla se placer entre lui et la porte vers laquelle il s'avançait, une chandelle allumée à la main, et lui demanda ce que signifiait une pareille conduite.

— De quelle conduite parlez-vous, madame? lui demanda Tyrrel avec un ton d'humeur et d'impatience qui lui était si peu ordinaire, que Meg se repentit peut-être déjà de l'avoir fait sortir de son état habituel d'indifférence, et craignit les suites de l'altercation qu'elle avait provoquée, car le ressentiment d'un homme ordinairement paisible et patient a toujours quelque chose de terrible pour quiconque a coutume d'être grondeur et irritable. Mais elle était trop fière pour songer à la retraite après avoir sonné la charge, et elle continua ses reproches, quoique d'un ton un peu plus bas.

— Je vous le demande à vous-même, M. Tirl, à vous qui êtes un homme de bon sens; ai-je lieu de me louer

(1) Hôtel garni en réputation à Londres. — Tr.

de votre conduite? Voilà dix jours et plus que vous
logez ici, buvant et mangeant ce qu'il y a de meilleur
dans la maison, et en occupant la plus belle chambre;
et voilà que vous vous en allez là-bas avec cette bande
de fous et de fainéans réunis autour d'une mare! Je
dois vous parler franchement, M. Tirl, je n'aime pas
les gens qui vous disent *mon cœur*, et qui ne le pensent
pas, quoique ce soit la mode, et parlant...

Tyrrel l'interrompit : — Mistress Dods, lui dit-il, je
n'ai pas le temps de m'occuper de babioles en ce moment. Je vous remercie des attentions que vous avez
eues pour moi tant que j'ai logé chez vous, mais je pré-
tends être le maître de disposer de mon temps et de
moi-même. Si vous êtes lasse de me voir chez vous,
donnez-moi demain matin la note de ce que je vous
dois.

— Demain matin! répéta Meg, demain matin! et
pourquoi ne pas attendre à samedi? vous pourrez alors
payer mon mémoire à shillings, placks et bawbies,
comme vous l'avez fait samedi dernier.

— Eh bien, nous en parlerons demain, mistress
Dods, répondit Tyrrel; je vous souhaite le bonsoir. Et
il se retira, sans rencontrer plus d'opposition.

Meg resta un instant à réfléchir. — Il faut qu'il ait le
diable au corps, dit-elle enfin, puisqu'il ne veut pas
qu'on le contrarie. Mais je crois que j'ai aussi le diable
au corps, moi qui vais m'aviser de contrarier un si brave
garçon et une si bonne pratique. Il faut qu'il ait quelque
chose qui lui tourmente l'esprit. Ce ne peut être le
manque d'argent; et quand ce serait cela, je ne m'in-
quièterais guère du peu qu'il me doit; mais ce ne peut
être le manque d'argent, car il jette les shillings comme

15.

si c'étaient des morceaux d'ardoise : on tient davantage à son argent quand on n'en a plus guère. Je sais par expérience quel air a une pratique qui voit le fond de sa bourse. Eh bien, j'espère qu'il n'y songera plus demain matin, et je tâcherai de mieux veiller sur ma langue. — Eh! eh! le ministre a bien raison de dire que c'est un membre rétif. En vérité je suis honteuse de moi.

CHAPITRE X.

—

RESSOURCES.

« Donne-moi tes conseils, car j'en ai grand besoin.
» N'es tu pas de ces gens dont le généreux soin
» Fournit à leurs amis un avis salutaire,
» Comme le spadassin leur prête sa rapière,
» Et comme l'usurier leur avance son or?
» Allons, parle, commence, ouvre moi ton trésor.
» Qu'exige-je de toi? des faits, non des paroles. »

Le Diable trouvant à qui parler.

Le jour témoin des incidens que nous venons de
rapporter était un lundi; il n'en restait donc plus que
deux jusqu'à celui qui devait voir dans le château des
Shaws la fleur de la brillante compagnie rassemblée aux
eaux de Saint-Ronan. L'intervalle était un peu court
pour faire les préparatifs qu'exigeait un événement si
peu ordinaire; le château, agréablement situé, n'était
pas en très-bon état, et depuis quelques années le laird

n'y recevait d'autres visites que celles de quelque vieux
garçon, ou de quelque chasseur de renard qui venait
par hasard lui demander l'hospitalité; visites de jour en
jour plus rares depuis que vivant presque constamment
lui-même aux eaux de Saint-Ronan, il préférait recevoir
ses amis dans un endroit où il pouvait le faire sans dé-
lier sa bourse, puisque chacun y payait son écot. D'ailleurs la santé de sa sœur était une excuse sans réplique,
pour ces vieux Écossais qui, fidèles à la tradition de leur
jeunesse, auraient pu être tentés de regarder la maison
d'un ami comme la leur. Quoi qu'il en soit, M. Mowbray, par suite de l'invitation acceptée, se trouvait
comme un lièvre forcé au gîte, à la satisfaction de tous
ses amis, qui attendaient l'exécution de sa promesse
avec toute l'impatience qu'excite chez des oisifs l'attente de quelque nouveauté dont ils espèrent quelque
plaisir.

M. Mowbray, aidé par son affidé M. Micklewham,
trouva bientôt que ce ne serait pas sans de grands embarras qu'il pourrait faire les apprêts nécessaires pour
recevoir ses hôtes, d'autant plus que Clara se tint obsti-
nément renfermée dans son appartement, le mardi et
le mercredi, sans que son frère, soit par prières, soit
par menaces, pût obtenir d'elle aucune idée pour la fête
du jeudi. Pour rendre justice à John Mowbray, nous
devons dire qu'il aimait sa sœur autant qu'il était capable d'aimer autre chose que lui-même : et quand, après
avoir épuisé tous ses argumens, il eut la mortification
de voir qu'elle ne voulait lui donner aucune assistance,
il se résigna aux ressources de sa propre imagination.

Ce n'était pourtant pas une tâche aussi facile qu'on
pourrait le supposer. Mowbray avait des prétentions à

celte élégance que tous les talens du sexe masculin sont
rarement en état d'atteindre, quand ils sont abandonnés
à eux-mêmes. Les élémens solides d'une collation pouvaient s'obtenir dans une ville voisine, et il ne manqua
pas de les y faire acheter; mais il sentait parfaitement
qu'ils ne serviraient qu'à placer devant ses convives l'a-
bondance vulgaire d'un repas de fermier, au lieu de
leur offrir une fête élégante dont il pût être fait une
mention dans une colonne du journal du comté comme
ayant été donnée par John Mowbray de Saint-Ronan,
à la compagnie nombreuse et choisie assemblée aux eaux
célèbres du même nom.

Il avait à craindre aussi un grand nombre d'erreurs
et d'irrégularités dans le choix et le nombre des mets,
et dans la manière de les placer sur la table; car il ne se
trouvait au château des Shaws, ni femme de charge
accomplie, ni chef de cuisine pour exécuter ses ordres.
Tous les détails domestiques y étaient conduits d'après
la plus stricte économie. Il faut pourtant en excepter
l'écurie, qui était tenue dans le meilleur ordre. Mais
un palefrenier peut-il remplir les fonctions d'un valet
de chambre? un garde-chasse peut-il arranger sur un
plat, d'une manière appétissante, le gibier qu'il a im-
molé, l'orner de fleurs, et l'accompagner des assaison-
nemens indispensables ? Il serait aussi raisonnable
d'exiger d'un brave soldat qu'il devînt l'ordonnateur
des funérailles de l'ennemi qu'il a tué sur le champ de
bataille !

Enfin Mowbray fit une consultation, parla et écouta
tour à tour, reçut des avis et en donna; son conseil
était composé d'une cuisinière sourde et d'un petit
vieillard qu'il appelait son sommelier. Mais il finit par

désespérer de faire sortir l'ordre de la confusion, ou
de produire la moindre impression avantageuse sur les
intelligences assez obtuses des individus avec lesquels
il avait à traiter. Après avoir juré deux ou trois fois de
bon cœur, il abandonna donc tout ce qui concernait
le repas aux soins des deux grands officiers que nous
venons de nommer, et ne s'occupa plus que des appartemens et de leur ameublement.

Il se trouva de ce côté presque également au dépourvu, car quel est l'esprit masculin qui pourrait
suffire aux mille petites coquetteries auxquelles on a
recours en pareille occasion? Comment des yeux mas-
culins peuvent-ils juger du degré de demi-jour qu'on
peut admettre dans un appartement bien décoré? Comment distingueraient-ils le tableau passable sur lequel
on peut laisser tomber un rayon de lumière, et le portrait de famille qu'il faut en garantir avec soin, de peur
que la perruque d'un grand-père ne devienne un objet
de ridicule? Et si les hommes sont hors d'état de juger
des effets de l'ombre et de la lumière sur l'ameublement et les ornemens de leurs salons et sur le teint des
belles qu'ils y attendent, comment pourraient-ils être
capables de fonctions bien plus mystérieuses encore,
celles d'arranger les différens meubles d'un appartement? Comment réussiraient-ils à simuler si bien le
hasard et la négligence que les sièges soient précisément
à l'endroit où il semble qu'on les aurait souhaités; que
la compagnie ne soit ni forcée à s'asseoir sur des chaises
placées en cercle, ni exposée à se casser les jambes
contre des tabourets mis où l'on ne devait pas s'attendre à en trouver; enfin, que toutes les dispositions
offrent en quelque sorte l'emblème du ton de la con-

versation, c'est-à-dire qu'on y remarque de l'aisance sans confusion, et de l'ordre sans affectation prétentieuse?

Enfin, comment la gaucherie de l'esprit masculin saurait-elle tirer parti de vieilles tabatières, de pommes de cannes antiques, de boîtes à parfum de formes bizarres, et de tout ce qui se trouve ordinairement dans quelques tiroirs du secrétaire des dames de l'ancienne cour, et qu'on peut faire valoir en les groupant avec une négligence artificielle sur une console en mosaïque ou une encoignure en marbre, avec d'autres objets non moins précieux, semblables à ceux qu'on voit à la croisée d'un prêteur sur gages, car c'est ainsi qu'on peut mettre à profit tous ces colifichets que toutes les vieilles filles ou les pies qui ont habité un château depuis un siècle sont venues à bout d'accumuler.

Combien d'admiration ne m'a pas inspiré bien des fois l'adresse avec laquelle le génie d'un artiste avait arrangé ces divers groupes de pseudo-bijouterie : la grande bague du bisaïeul et le hochet qui avait servi à son premier né; le sifflet de contre-maître de quelque oncle marin, ou la boîte d'argent encore parfumée dans laquelle il plaçait son tabac; la boîte à peignes en ivoire d'une vieille cousine, sentant encore le musc, et l'étui à lunettes en écaille de tortue, d'une tante morte en odeur de virginité; un de ces instrumens en ébène, nommés serre-d'aigle dont nos aïeules, dans le temps où l'on portait de longs corsets de baleine, se servaient pour apaiser les petites démangeaisons qu'elles pouvaient sentir sur le dos et les épaules, et la passoire en argent sur laquelle, dans un siècle plus économe que le nôtre, la maîtresse de la maison plaçait les feuilles

de thé après avoir extrait jusqu'au dernier atome de
leur saveur, pour les distribuer ensuite à la compagnie
qui les mangeait sur du pain avec du beurre et du sucre? Bénie soit une mode qui a sauvé des griffes des
femmes de chambre et du creuset des orfèvres ces *ci-
melia* jadis négligés, et qui en a fait l'objet du culte
des antiquaires, et la décoration de nos salons. Mais
pour présider à leur arrangement le goût d'une femme
est indispensable, et c'était ce qui manquait à M. Mowbray, car il possédait d'ailleurs un assortiment de
joyaux de cette espèce.

Si cette digression n'était déjà un peu longue, nous
pourrions parier de son inexpérience dans l'art de cacher les défauts d'un ameublement, soit en couvrant
d'une toile verte un tapis troué, soit en jetant négli-
gemment un schall sur un sopha dont l'étoffe montre
la corde. Mais j'en ai dit assez, et même trop pour faire
comprendre son embarras pénible à tout garçon qui
n'ayant ni mère, ni sœur, ni cousine, ni femme de
charge expérimentée, également dépourvu d'un bon
cuisinier et d'un valet de chambre habile, se hasarde
à donner une fête, et veut qu'elle soit élégante et de
bon goût.

Le sentiment intime de son insuffisance tourmentait
Mowbray d'autant plus, qu'il savait qu'il trouverait
dans les dames, et surtout dans lady Pénélope Penfeather, sa rivale ordinaire, des critiques impitoyables.
Il ne se relâcha donc pas dans ses efforts; et il passa
deux jours entiers à commander, à contre-mander, et à
réprimander, sans repos ni intermission. Son fidèle
agent, témoin de ses travaux (car on ne pouvait pas
dire qu'il en fût le compagnon), le suivant de chambre

en chambre, lui montrait exactement le même intérêt qn'un chien témoigne à son maître quand, le voyant triste, il lève la tête vers lui de temps en temps, avec un air piteux, comme pour l'assurer qu'il partage son affliction, dont il ne comprend pas la cause.

Enfin, quand Mowbray eut terminé quelques préparatifs, et qu'il en eut abandonné un grand nombre d'autres qu'il se trouvait incapable de faire, il se mit à dîner, le mercredi veille du grand jour, avec son digne aide-de-camp, M. Micklewham ; et après avoir juré de bon cœur contre la fête et contre la fantaisie de la vieille fille qui lui occasionait tout cet embarras, il déclara qu'à compter de ce moment il envoyait tout au diable, et qu'aussi sûr qu'il se nommait John Mowbray, il ne se mettait plus en peine de rien.

Fidèle à cette résolution, il dîna de bon appétit avec son docte conseil, et ils dépêchèrent assez promptement les côtelettes et la bouteille de vieux vin de porto destinée à les assaisonner.

— N'avons-nous pas bien dîné, dit ensuite le laird, quoique nous n'ayons pas eu tous leurs maudits petits plats ?

— Un ventre plein est un ventre plein, répondit le procureur en essuyant ses lèvres, n'importe que ce soit de farine ou de son.

— C'est ce que pense un cheval de fiacre, dit Mowbray, mais nous sommes obligés de faire comme les autres, et les gens de bon ton pensent différemment.

— Tant pis pour eux et tant pis pour le pays, Saint-Ronan ; c'est tout cet ennui de thés et de fêtes qui chasse nos nobles de leurs châteaux pour les loger à l'hôpital ou en prison.

·Le jeune laird garda le silence quelques instans. Remplissant ensuite son verre, et passant la bouteille au vieux procureur, il changea de conversation et lui demanda : — Croyez-vous au bonheur, Mick?

— Au bonheur! qu'entendez-vous par cette question?

— C'est que j'y crois moi-même. Je vous demande si vous pensez qu'on puisse avoir une veine de bonheur ou de malheur aux cartes?

— C'eût été un grand bonheur pour vous si vous n'en aviez jamais touché une.

— Ce n'est pas ce dont il s'agit, Mick; mais ce qui m'étonne, c'est la mauvaise chance qui, depuis plus d'un siècle, nous a toujours poursuivis, nous autres misérables lairds de Saint-Ronan ; car notre fortune a toujours été en baissant, et jamais en s'élevant. Non, jamais on n'a vu une race si *rétrogradante*, comme dirait le ministre. — La moitié de tous ces champs appartenait jadis à mes ancêtres, et aujourd'hui il me semble que les derniers sillons ont envie de s'envoler.

— S'envoler! Oui, oui, et grand train. Voici ce château des Shaws, je répondrais qu'il s'en irait par la cheminée comme le reste, si votre grand-père ne lui avait donné une fondation solide par une bonne substitution (1).

— Au diable la substitution! Si mes ancêtres voulaient conserver leurs biens dans leur famille, ils auraient dû les substituer quand ils en valaient la peine. Enchaîner au cou d'un homme une babiole comme Saint-Ronan, c'est comme si l'on attachait un cheval à une courroie de six pieds dans les pâturages des montagnes.

(1) *Tailzie.* — ÉD.

— On pourrait dire que vous avez allongé la courroie un peu plus que vous n'aviez le droit de le faire,
quand vous avez aliéné à rente féodale le terrain qui
environne la source de Saint-Ronan.

— Ne l'ai-je pas fait d'après votre avis?

— Je ne puis le nier, Saint-Ronan; mais je suis un
vieil oison si complaisant, que je vous ai donné l'avis
pour vous plaire, comme une vieille femme passe les
fantaisies d'un enfant gâté.

— Oui, comme, par exemple, quand elle lui donne
le couteau avec lequel il se coupe les doigts. Sans votre
avis infernal, ce terrain était en sûreté.

— Et cependant vous murmuriez alors de ce qu'il
ne vous était pas possible de faire envoler tout le domaine. Et dans le fait vous devez vous en inquiéter fort
peu, car, s'il est vrai qu'en faisant cette vente vous
avez encouru une déchéance, comme le pense l'avocat
Wisebehind, d'après le mémoire à consulter que je lui
ai soumis sur cette question, votre sœur, ou le mari de
votre sœur, s'il lui prenait fantaisie de se marier, pourrait, en formant une demande contre vous, vous évin-
cer de Saint-Ronan dans le cours de deux ou trois
sessions.

— Clara ne se mariera jamais.

— Ne jurez de rien. Plus d'un vaisseau avec une
voie d'eau est arrivé dans le port. Si l'on connaissait
la chance qu'elle a d'obtenir ce domaine, il y a bien
des gens qui se mettraient peu en peine de la mouche
qui l'a piquée.

— M. Micklewham, s'écria le laird, quand vous
avez à parler de miss Mowbray, je vous prie de ne pas

oublier le respect que vous devez à ma sœur, à la fille de mon père.

— Ne vous fâchez pas, Saint-Ronan; je n'ai pas dessein de vous offenser; mais il faut bien qu'on s'explique de manière à se faire comprendre, surtout quand on parle d'affaires. Vous savez aussi bien que moi que miss Clara n'est pas tout-à-fait comme tout le monde; et, si j'étais à votre place, il est de mon devoir de vous parler franchement, je présenterais aux juges une petite pétition pour être nommé *curator bonis*, attendu qu'elle est incapable de conduire ses affaires.

— Micklewham, s'écria Mowbray, vous êtes un..., Il n'acheva pas.

— Que suis-je, M. Mowbray, demanda le procureur avec assez de fermeté; que prétendez-vous que je suis? je désirerais le savoir.

— Un excellent procureur, répondit le laird, qui dépendait trop de son agent pour se livrer à un premier mouvement. Mais je dois vous dire que plutôt que de faire contre la pauvre Clara la démarche que vous me conseillez, je lui abandonnerais ce domaine, et je me ferais palefrenier ou postillon pour le reste de ma vie.

— Ah! Saint-Ronan, si vous aviez voulu soutenir votre ancienne maison, vous aviez autre chose à faire que de devenir palefrenier ou postillon. Qui vous empêchait de vous faire homme de loi comme tant d'autres. Mon ancien maître avait toujours à la bouche ces mots latins : *Rerum dominos gentemque togatam* (1), ce

_____

(1) D'un vers de Virgile sur les Romains :

« Les seigneurs de la terre, et vêtus de la toge »

ÉD.

qui veut dire que tous les lairds devraient être hommes de loi.

— Et il me paraît que tous les hommes de loi deviendront lairds, car ils achètent presque tous les biens que nous vendons, et qu'ils paient avec des mémoires de frais.

— Eh bien! n'auriez-vous pas pu en acheter comme les autres?

— Non, je n'ai pas ce qu'il faut pour faire ce métier. Je n'aurais fait qu'user en pure perte la robe qui m'aurait couvert les épaules, et la farine dont j'aurais poudré ma perruque à trois marteaux. J'aurais passé mes matinées à musarder dans le grand vestibule (1) de la cour, mes soirées au spectacle, et je ne serais jamais devenu plus savant qu'un juge de la cour pour le recouvrement des petites dettes.

— Si vous aviez peu gagné, du moins vous n'auriez rien perdu; et si vous n'étiez pas devenu un des aigles du barreau, vous auriez pu, comme tant d'autres, obtenir une place de Sheriff ou de commissaire, ce qui vous aurait entretenu la laine sur le dos. Si vous n'aviez pas augmenté votre domaine, au moins ne l'auriez-vous pas vu se fondre entre vos mains.

— Mais je n'aurais pas eu la chance de le doubler, comme je l'aurais fait incontestablement si la fortune m'avait été fidèle un instant. Je vous dirai, Mick, que depuis un an j'ai été riche de cinquante mille livres sterling, de cent mille, et qu'il ne me reste que les débris de ce misérable domaine, qui ne peut m'être d'aucune utilité tant qu'il sera à moi, et dont le prix, si je

(1) La salle où se jugent les causes en première instance. — ÉD.

16.

pouvais le vendre, me fournirait les moyens de réparer mes pertes, et serait la fondation d'une seconde fortune.

— Sans doute, jeter le manche après la cognée, voilà ce que vous voulez dire. A quoi bon gagner cent mille livres pour les perdre ensuite? que vous en revient-il?

— Ce qu'il m'en revient? Parbleu! que revient-il à un général d'avoir gagné une bataille quand il a perdu la suivante? Il sait qu'il peut avoir un instant de bonheur comme un autre, et il essaie d'en livrer une troisième : c'est absolument la même chose. Voilà le jeune comte d'Etherington qui doit arriver aux eaux dans un jour ou deux; on dit qu'il tient tous les enjeux; si j'avais seulement cinq cents livres pour commencer, je garantis qu'il m'indemniserait bientôt de toutes mes pertes.

— Vous me faites peine, M. Mowbray; j'ai été l'homme d'affaires de votre maison, votre serviteur en quelque sorte, et maintenant je vois qu'elle va tomber dans le néant, précisément par la faute du jeune homme que je croyais destiné à la relever; car je dois vous rendre justice, vous avez toujours les yeux ouverts sur vos intérêts, autant que vous le permet l'étendue de vos connaissances. En vérité cela me tire des larmes des yeux.

— Ne pleurez pas pour cela, Mick, ne pleurez pas. Ne savez-vous pas qu'il en restera quelque chose dans votre gousset, si ce n'est dans le mien? Vos services ne seront pas tout-à-fait gratuits, mon vieil ami : le laboureur doit avoir son salaire.

— Je le sais fort bien; mais il y a telle besogne qu'un double salaire ne paierait pas assez. Au surplus, si vous vous êtes mis dans la tête qu'il vous faut de l'argent, je n'ignore pas qu'il faudra bien que vous en trouviez, et cependant c'est pour l'envoyer où le reste a déjà passé.

— Non, de par tous les diables ! Mick : pour cette fois je suis sûr de réussir. Jack Wolverine est plus fort qu'Etherington à tous les jeux, et il n'en est aucun auquel je ne sois sûr de battre Wolverine. Mais il faut quelque chose pour commencer : il me faut un enjeu, Mick.

— Sans contredit, rien n'est plus certain, pourvu qu'il vous soit possible de vous le procurer.

— C'est votre affaire, mon vieil ami. Etherington sera peut-être ici demain avec de l'argent plein ses poches : il a ses rentes à recevoir ; songez à cela, Mick.

— Heureux ceux qui ont des rentes à recevoir, M. Mowbray ; qnant à nous, cela ne nous donne pas à présent beaucoup d'embarras. Mais êtes-vous bien sûr que ce comte vienne aux eaux? êtes-vous bièn sûr de gagner avec lui ; et si vous gagnez, êtes-vous bien sûr qu'il a de quoi payer. J'ai connu bien des gens, Saint-Ronan, qui venaient chercher de la laine et qui s'en retournaient tondus. Quoique vous soyez un jeune homme habile, et que je doive supposer que vous connaissez le monde et tout ce qui s'ensuit, aussi bien qu'un autre ; cependant, en dernier résultat, vous êtes toujours du nombre des perdans, comme vous êtes payé pour le savoir; de sorte que....

— Au diable tout votre bavardage, mon cher Mick. Si vous ne pouvez m'empêcher de me noyer, du moins ne me donnez pas le coup d'aviron pour m'enfoncer dans l'eau. — Songez que je ne faisais que d'entrer dans le monde; j'avais mon apprentissage à payer, et il en coûte cher quelquefois. — Mais qu'importe? — A présent je suis passé maître, et je puis voler de mes propres ailes.

— Eh bien, je souhaite qu'une chute ne mette pas votre cou en danger.

— Ne craignez rien; je suis sûr de mon fait, pourvu que vous m'en fournissiez les moyens.

— Les moyens! Que voulez-vous dire? Quels moyens vous reste-t-il?

— Mais vous n'en manquez pas, vous, mon vieux camarade. Vendez pour cinq cents livres de vos trois pour cent (1). Je vous paierai différence, intérêt, change, tout.

— Oui, oui, tout, ou rien. Mais, puisque vous êtes si pressant, je pensais... Quand vous faut-il cet argent?

— A l'instant même, aujourd'hui, demain au plus tard.

— Oh! s'écria le procureur en appuyant long-temps sur ce monosyllabe, la chose est impossible.

— Il faut pourtant qu'elle se fasse, Mick, répondit Mowbray, qui savait par expérience que quand son obligeant ami prononçait sur ce ton le mot impossible, il voulait dire seulement qu'il entrevoyait de grandes difficultés.

— Mais, puisque vous parlez de vendre des trois pour cent, dit le procureur, pourquoi ne faites-vous pas vendre ceux de miss Clara? — Je suis surpris que vous n'y ayez pas pensé plus tôt.

— Je voudrais que vous fussiez resté muet avant de prononcer une telle phrase! s'écria Mowbray en tres-

(1) *Three per cents* — ÉD.

saillant comme s'il eût été mordu par une vipère. — Quoi! vendre la petite fortune de Clara! la bagatelle que ma tante lui a léguée pour ses petites dépenses de fantaisie! la petite bourse privée dont elle fait un si bon usage! Pauvre Clara, qui a si peu de chose! — Et pourquoi ne vendriez-vous pas plutôt une faible partie de vos propres fonds, M. Micklewham, vous qui vous dites le serviteur et l'ami de ma famille?

— Tout cela est bel et bon, Saint-Ronan, mais les services ne sont pas un droit d'héritage; et pour l'amitié, elle commence par soi-même, comme des gens sages l'ont dit long-temps avant nous. Quant à cette affaire, je crois que c'est le plus proche parent qui doit en courir le risque. — Vous êtes plus proche à votre sœur, Saint-Ronan, que vous ne l'êtes au pauvre Saunders Micklewham, qui n'a pas dans ses veines assez de sang noble pour donner à souper à une puce.

— Je n'en ferai rien, dit le jeune laird en se promenant en long et en large avec agitation : car, tout égoïste qu'il était, il aimait sa sœur; et il l'aimait peut-être davantage à cause du malheur qui la rendait dépendante de la protection de son frère. — Non, continua-t-il, quoi qu'il puisse en arriver, je ne la dépouillerai pas. J'irai plutôt servir sur le continent en qualité de volontaire, et j'y mourrai avec honneur.

— M. Mowbray. — (Point de réponse.) — Je vous disais, Saint-Ronan. — (Même silence.) — Je réfléchissais à cette affaire, et... et...

— Et quoi? monsieur, s'écria Mowbray avec impatience en s'arrêtant en face de lui.

— Et, pour vous parler vrai, je ne vois pas qu'elle soit faisable; car, si vou aviez aujourd'hui cet argent dans votre poche, il serait demain dans celle du comte d'Etherington.

— Vous êtes un fou.

— Cela n'est pas impossible; mais sir Bingo en est un autre, et cependant il a gagné votre argent deux ou trois fois.

— Lui! cela est faux. Jamais il ne m'a rien gagné.

— Il me semble pourtant que vous avez eu à lui payer une gageure sur le poids d'un saumon, et encore une autre il n'y a que quelques jours.

— Je vous dis encore une fois que vous êtes un fou, Micklewham; et vous n'entendez rien à mes ruses. Bingo est un poisson timide; il faut lui donner de la ligne, voilà tout. Je sais quand il sera temps de le tirer de l'eau; je sais comment il faut amorcer mon hameçon pour qu'il y morde. Les misérables cinq cents livres qui me manquent m'en feront perdre dix mille.

— Si vous êtes si sûr de votre affaire, si certain de gagner, veux-je dire, quel risque court miss Clara de vous prêter son argent? Vous pouvez lui en rendre dix fois autant.

— Sans doute, je le puis, de par le ciel! vous avez raison, Mick; et mes scrupules sont ridicules. Je donnerai à Clara mille livres sterling pour ses cinq cents; oui, de par le ciel! je les lui donnerai. Je la conduirai passer l'hiver à Édimbourg, peut-être à Londres; je consulterai les meilleurs médecins sur sa situation; je verrai la meilleure compagnie pour la divertir; et si quelqu'un s'avise de la trouver un peu singulière, de par le diable! je suis son frère, et je saurai la soutenir. Oui, oui, vous avez raison; il n'y a nul mal à lui emprunter cinq cents livres pour quelques jours, quand il peut en résulter tant de profit pour elle comme pour moi. Allons, remplissez nos verres, Mick, et buvons à mon succès.

— Je bois à votre succès de tout mon cœur, répondit Micklewham, très-charmé de voir son impétueux patron arriver à cette conclusion désirable; et cependant, voulant éviter de se compromettre, il ajouta : — Mais c'est vous qui avez raison; ce n'est pas de moi qu'il faut parler ainsi, car je ne vous conseille rien que d'après l'assurance que vous me donnez que vous êtes certain de gagner ce comte et ce baronnet anglais; et si cela est, il serait mal à un de vos amis d'y mettre obstacle.

— C'est la vérité, Mick; et cependant les dés et les cartes ne sont que de l'ivoire et du carton, et le meilleur cheval peut faire un faux pas avant d'arriver au bout de la course; de manière que j'aurais désiré que Clara ne courût pas un tel risque. Mais au diable le souci! il ferait périr un chat (1). Si la chance tourne contre moi, je puis faire un pas en arrière comme un autre. Ainsi donc, préparez-moi l'argent, Mick.

— Fort bien, mais il y a encore deux mots à dire sur cette affaire. Les fonds sont placés en mon nom et en celui du banquier Turnpenny, comme fidéicommissaire pour miss Clara. Il faut donc qu'elle nous écrive pour nous donner ordre de les vendre et de vous en compter le montant. Sur la foi de cette opération, Turnpenny vous paiera sur-le-champ les cinq cents livres; car je présume que vous ferez vendre la totalité de ses fonds : cela produira de sept à huit cents livres. Vous

(1) Expression proverbiale en anglais. — ÉD.

ne voudrez pas y revenir à deux fois ; il est inutile de faire deux bouchées d'un cerise.

—Vous avez raison. Quand on veut faire une friponnerie ou à peu près, il ne faut pas la faire à demi. Donnez-moi donc un modèle de lettre, et Clara la copiera, c'est-à-dire, si elle y consent ; car vous savez qu'elle est aussi volontaire que quelque femme que ce puisse être.

— Et vous aurez beau prêcher, cela dépendra du vent. Mais si je puis vous donner un avis relativement à miss Clara, c'est de lui dire tout simplement que vous avez besoin d'argent ; car j'ai dans l'idée qu'elle ne se soucierait pas de vous voir jouer l'argent de sa tante à croix ou pile avec ce lord-ci ou ce baronnet-là. Je sais qu'elle a des idées singulières. Tous les dividendes qu'elle reçoit de ses trois pour cent, elle en fait des charités.

— Ainsi donc je m'expose à voler les pauvres aussi bien que ma sœur ! s'écria Mowbray en remplissant son verre et celui de son ami. C'est la vérité, Mick ; pas d'échappatoires ! Allons, à la santé de Clara ! c'est un ange ! et moi je suis..... non, je ne me donnerai pas un nom que je ne souffrirais pas que personne me donnât. Mais pour cette fois je gagnerai, j'en suis sûr, puisque la fortune de Clara en dépend.

— Et à présent que j'y pense, dit Micklewham, si cela venait à mal tourner (et le ciel sait que les projets les mieux formés ne réussissent pàs toujours), ce serait une grande consolation de savoir qu'au bout du compte personne n'y perdrait que les pauvres, qui ont toujours la paroisse pour les empêcher de mourir tout-à-fait de faim. Si votre sœur dépensait son argent d'une autre manière, la chose serait toute différente.

— Paix, Mick, paix, mon honnête ami, dit Mowbray : il est très-vrai qu'on trouve en vous au besoin un
rare conseiller, et que vous avez une manière d'apaiser
les scrupules de conscience qui damerait le pion à une
vingtaine de casuistes. Mais prenez garde, mon très-
zélé père confesseur, d'enfoncer le clou trop avant; je
vous promets que votre bavardage me refroidit au lieu
de m'échauffer. — Bien. Vous avez fini votre griffon-
nage, je vais le porter à Clara; et cependant j'aimerais
mieux me trouver, le pistolet à la main, à dix pas du
meilleur tireur de la Grande-Bretagne.

A ces mots il sortit de l'appartement.

CHAPITRE XI.

L'AMOUR FRATERNEL.

« L'amitié doit serrer les nœuds de la nature.
» Quand je vois ces enfans jouer sur la verdure,
» Henri cueillir des fleurs pour en parer Zélis,
» Et Zélis à son tour, de ses doigts si jolis,
» Elle-même amorcer l'hameçon de son frère,
» Comment croire qu'un jour le soupçon, la colère,
» L'envie ou l'intérêt, diviseront des cœurs
» Que le sang unissait par des nœuds enchanteurs ? »

Anonyme.

En quittant son dangereux conseiller pour faire la démarche que lui avait indiquée cet agent, sans avoir l'air de la lui recommander, Mowbray se rendit dans la petite chambre que sa sœur appelait *son* salon, et où elle passait la plus grande partie de son temps. Il était arrangé avec un goût bizarre, mais l'ordre et la propreté qui y régnaient faisaient ressortir la négligence qu'on remarquait dans les autres appartemens du châ-teau. Sur une table à ouvrage, une foule de petits objets annonçaient que celle à qui ils appartenaient avait des talens agréables et un esprit orné, mais peu de suite dans les idées. C'étaient des dessins ébauchés, des mor-ceaux de musique à demi copiés, des broderies et autres ouvrages de femmes, tous commencés avec zèle, exécutés avec goût et élégance, mais laissés de côté avant d'être terminés.

Clara, assise sur un petit sopha placé près de la fenêtre, lisait ou du moins tournait rapidement les feuillets d'un livre. Elle se leva dès qu'elle vit entrer son frère, et courut à lui avec l'air de l'affection la plus cordiale.

— Soyez le bienvenu, mon cher John, lui dit-elle; vous donnez une grande preuve d'amitié à votre sœur, en venant ainsi la visiter dans sa solitude. J'essayais de fixer mes yeux et mon esprit sur ce livre insipide, parce qu'on prétend que trop de réflexion ne me vaut rien. Mais que l'auteur soit ennuyeux, ou défaut d'attention, j'en parcours les pages comme on semble lire en songe, sans pouvoir comprendre un seul mot. Vous causerez avec moi, et cela vaudra mieux. Que vous offrirai-je pour vous prouver que vous êtes le bienvenu? Je crains de n'avoir à vous présenter que du thé, et je sais que vous n'en faites pas grand cas.

— J'en prendrai volontiers une tasse en ce moment, Clara, car j'ai à vous parler.

— Jessy va le préparer sur-le-champ, dit Clara en sonnant. — Et sa femme de chambre étant entrée, elle lui donna les ordres nécessaires. Mais il ne faut pas que

vous soyez ingrat, John, continua-t-elle, il ne faut pas
que vous m'ennuyiez encore des détails de votre fête.
C'est assez pour chaque jour du mal qu'il apporte avec
lui. J'y paraîtrai, et j'y jouerai mon rôle aussi bien que
vous pouvez le désirer. Mais y penser d'avance! ma tête
et mon cœur s'en trouveraient mal; ainsi donc épar-
gnez-moi à ce sujet, je vous en prie.

— Petite sauvage, que vous êtes folle! vous devenez
plus farouche de jour en jour, Clara. Nous vous verrons
un jour vous enfuir dans les bois, comme la princesse
Caraboo. Mais je tâcherai de ne pas vous tourmenter à
ce sujet. Si les choses ne vont pas bien le grand jour,
on aura à en blâmer le lourdeau auquel il manquait le
secours d'une belle dame pour faire mieux. J'ai à vous
parler d'un objet important, Clara, beaucoup plus important.

— De quoi s'agit-il donc? s'écria-t-elle d'un ton
qui ressemblait à un cri d'effroi. Au nom du ciel! ex-
pliquez-vous, mon frère; vous ne savez pas combien
vous m'effrayez.

— Vous vous effrayez d'une ombre, Clara; sur ma
foi, ce n'est rien de bien extraordinaire; c'est une de
ces choses qu'on voit arriver tous les jours dans le
monde, et moi qui le connais, je ne m'en étonne pas.
En un mot, je me trouve court d'argent.

— Est-ce là tout? demanda Clara d'un ton qui fit
penser à son frère que son embarras une fois expliqué
lui paraissait trop peu de chose, comme ses craintes
l'avaient exageré avant de le connaître.

— Est-ce là tout? dit-il en répétant l'exclamation de
Clara; oui, vraiment, c'est tout; et c'en est bien assez
pour me tourmenter; car je serai dans un grand em-

barras si je ne puis trouver d'argent, et... et je suis même
obligé de vous demander s'il vous est possible de m'aider.

— Vous aider, sans doute, et de tout mon cœur ;
mais vous savez que ma bourse est légère : cependant
il s'y trouve encore plus de la moitié du dernier divi-
dende que j'ai reçu, servez-vous-en ; je serai d'autant
plus charmée que cela puisse vous suffire, que ce sera
une preuve que vos besoins ne sont pas bien considé-
rables.

— Hélas! Clara, si vous voulez m'aider efficacement,
il faut couper le cou de la poule aux œufs d'or ; il faut
me prêter le principal.

— Et pourquoi non, John, si cela peut vous être
utile! N'êtes-vous pas mon tuteur naturel? N'avez-vous
pas toujours été pour moi un bon frère? Ma petite fortune ne doit-elle pas être à votre disposition? Je suis
sûre que vous en ferez le meilleur emploi possible.

— Je n'en sais trop rien, dit Mowbray en tressaillant ;
car la promptitude avec laquelle elle lui accordait tout,
sans défiance ni soupçon, le contrariait en quelque sorte
plus que ne l'auraient fait les remontrances et les difficultés. Les manœuvres auxquelles il aurait été réduit
pour obtenir son consentement auraient étouffé les reproches de sa conscience. Mais sa complaisance si facile
changeait entièrement la face des choses. Un boucher
tue de sang-froid un animal privé qui ne lui oppose
aucune résistance, tandis que le chasseur, animé à la
poursuite d'un gibier sauvage, oublie la cruauté de son
amusement. Cette idée se présenta même à l'esprit de
Mowbray.

— De par le ciel! pensa-t-il, c'est tirer sur un oiseau

17.

perché. — Clara, ajouta-t-il, je ne sais trop si cet argent sera employé comme vous pourriez le désirer.

— Employez-le comme cela vous fera plaisir, mon frère ; et je croirai n'en pouvoir jamais faire un mauvais usage.

— J'ai dessein de faire pour le mieux, Clara, c'est-à-dire ce que je suis forcé de faire. Ainsi donc copiez ce qui est écrit sur ce papier ; après quoi dites adieu aux dividendes, du moins pour le prochain terme. J'espère pourtant vous doubler bientôt cette petite somme, Clara, pourvu que la fortune me favorise.

— Ne vous fiez pas à la fortune, John, lui dit sa sœur en souriant d'un air mélancolique. Hélas ! elle n'a jamais été amie de notre famille, depuis bien long-temps du moins.

— Elle favorise les audacieux, Clara ; du moins je l'ai lu dans mon rudiment, et il faut que je me fie à elle, quand elle serait aussi variable qu'une girouette. Et cependant si elle trompait mon attente ! que diriez-vous, que feriez-vous, Clara, si, malgré mes espérances bien fondées, je me trouvais hors d'état de vous rendre cette somme dans un court délai ?

— Ce que je ferais ? il faudrait bien m'en passer, comme vous le sentez. Ce que je dirais ? pas un mot.

— Je le savais d'avance ; mais vos petites dépenses, vos charités, vos infirmes, vos aveugles, vos pauvres ?

— Oh ! je saurais pourvoir à tout cela. Voyez toutes ces bagatelles à moitié finies, John : ne savez-vous pas que l'aiguille ou le pinceau est la ressource de toutes les héroïnes dans l'embarras ? Je vous promets que, quoique j'aie été un peu paresseuse et dérangée depuis quelque temps, si je m'y mets sérieusement, on ne pourra me citer aucune Emmeline ni aucune Ethélinde qui ait jamais fait vendre tant d'ouvrages que j'en vendrai, et qui y ait gagné autant d'argent que j'en gagnerai. Je suis persuadée que lady Pénélope et tout le beau monde qui est aux eaux achèteront, feront des loteries, mettront tout en œuvre pour encourager la mélancolique artiste. Je leur enverrai des porte-feuilles pleins de paysages; des portraits qui feront peur aux originaux eux-mêmes; des mouchoirs et des turbans brodés à l'aiguille, et qui représenteront les promenades de ce qu'ils appellent le Belvédère. — Oh! je ferai une petite fortune dans la première année.

— Non, Clara, dit John d'un ton sérieux; car, pendant que sa sœur parlait ainsi, la vertu reprenait son empire sur lui, et lui inspirait une résolution courageuse. — Non, nous ferons quelque chose de mieux. Si le secours que vous m'accordez ne me tire pas d'affaire, je suis décidé à renoncer à cette société. On rira à mes dépens un jour ou deux, que m'importe? J'entendrai un petit maître me dire : — Dieu me damne! John, vous voilà donc devenu un vrai lourdaud! — Que peut-on dire de plus?... chiens, chevaux, tout sera vendu; nous ne garderons que notre pony; et quant à moi, je compte sur deux excellentes jambes. Il nous reste encore assez de terres pour pouvoir vivre de la manière que vous préférez, et que j'apprendrai à préférer aussi. Je travaillerai au jardin, dans le bois; je marquerai mes arbres, je les abattrai moi-même; je tiendrai mes comptes, et j'enverrai au diable Saunders Micklewham.

— Voilà la meilleure résolution de toutes, John; et si jamais ce jour arrive, je serai la plus heureuse de

toutes les créatures. Il ne me resterait pas un chagrin
dans le monde, ou du moins vous n'en entendriez jamais parler. Il resterait enseveli dans mon cœur comme
dans un froid sépulcre. Que ne pouvons-nous commencer dès demain à vivre ainsi! S'il est absolument nécessaire de se débarrasser de cet argent auparavant, jetez-le
dans la rivière, et supposez que vous l'avez perdu au
jeu ou sur un pari.

Les yeux de Clara, qu'elle fixait avec attention sur
son frère, brillaient à travers les larmes que son enthousiasme y appelait, tandis qu'elle parlait ainsi. Mowbray baissait les siens, et ses joues étaient couvertes
d'une rougeur qui exprimait en même temps un faux
orgueil et une honte réelle.

— Ma chère sœur, lui dit-il enfin en levant les yeux
sur elle, comme vous parlez follement! Et comme je
reste ici follement à vous écouter, tandis que j'ai vingt
choses à faire! Tout ira bien d'après mon plan : en cas
contraire, nous avons le vôtre en réserve, et je vous
jure que je l'adopterai. La bagatelle que votre lettre
vient de mettre à ma disposition peut me porter bonheur; et il ne faut pas jeter les cartes tant qu'on a une
chance de gagner la partie. Quand je renoncerais à la
société en ce moment, quelques centaines de livres ne
nous rendraient ni plus riches ni plus pauvres; de sorte
que vous voyez que nous avons deux cordes à notre
arc. La fortune se déclare quelquefois contre moi, je
suis obligé d'en convenir; mais avec de la prudence,
et en m'attachant aux principes, je puis défier le plus
habile d'entre eux, ou je ne me nomme pas Mowbray.
Adieu, ma chère Clara.

En disant ces mots il se baissa, et l'embrassa avec

une tendresse plus qu'ordinaire. Mais avant qu'il eût le
temps de relever la tête, elle lui passa le bras autour
du cou, et lui dit du ton le plus affectueux :

—Mon cher frère, votre plus léger désir a été, comme
il le sera toujours, une loi pour moi. Refuserez-vous
en retour de m'accorder une seule demande?

— Et quelle est cette demande, petite folle? dit Mowbray en se débarrassant avec douceur de son bras. Que
pouvez-vous avoir à me demander qui exige un préam-
bule si solennel? Souvenez-vous que je n'aime pas les
préfaces, et que je les passe toujours quand il m'arrive
d'ouvrir un livre.

— Eh bien donc, sans préface, mon cher John, voulez-vous me promettre d'éviter les querelles qui ont
lieu presque tous les soirs à l'hôtel du Renard? Je n'y
ai pas été une seule fois sans en entendre quelqu'une,
et jamais je ne pose la tête sur mon oreiller sans rêver
que vous en êtes victime. La nuit dernière...

— Ah! Clara, si vous vous mettez à me raconter vos
rêves, nous n'en aurons jamais fini. Dormir est certainement l'occupation la plus sérieuse de votre vie, car
pour manger, vous tiendriez à peine tête à un moineau.
Mais je vous supplie de dormir sans rêver, ou du moins
de garder vos songes pour vous seule... Eh bien, pourquoi me tenez-vous ainsi par l'habit? que craignez-vous?
A coup sûr vous ne pouvez vous imaginer que cet imbécile de Binks, ou quelque autre des honnêtes gens
de là-bas, s'avise de me marcher sur le pied. De par le
ciel! je voudrais qu'ils eussent un peu de sang dans les
veines, afin d'avoir une excuse pour les rappeler à
l'ordre. Diable! je leur apprendrais bien vite à se tenir
à leur place.

— Non, John ; je sais bien que je n'ai rien à craindre de pareilles gens. Et cependant le désespoir donne quelquefois du courage à un lâche : et alors il est plus à craindre qu'un autre. Mais il existe dans le monde des hommes dont l'extérieur n'annonce pas tout ce qu'ils sont ; des gens dont la fierté et le courage se cachent dans leur cœur, comme les métaux dans la mine, sous l'apparence le plus simple. Vous pouvez en rencontrer. Vous êtes vif et impétueux, prompt à exercer votre esprit sans songer aux conséquences ; et ainsi...

— Sur ma parole, Clara, vous êtes ce matin parfaitement disposée pour faire un sermon. Le ministre lui-même ne pourrait parler avec plus de logique et de profondeur. Vous n'avez qu'à diviser votre discours en trois parties, le semer de conclusions pour la pratique et la théorie, et vous pourrez le prononcer devant une congrégation avec l'espoir de l'édifier et de l'instruire. Mais je suis un homme du monde, ma petite Clara, et quoique je ne sois nullement pressé de rencontrer la mort sur mon chemin, son squelette n'a rien qui m'effraie. Mais pourquoi diable me faites-vous une pareille demande ? Il faut que je le sache, Clara, car il faut que vous ayez quelqu'un en vue, pour me recommander ainsi d'éviter les querelles.

Clara ne put devenir plus pâle qu'elle l'était ordinairement, mais sa voix lui manqua tandis qu'elle assurait son frère qu'elle ne pensait à personne en particulier.

— Vous souvenez-vous, Clara, lui dit son frère, que lorsque nous étions enfans tous deux, on fit courir le bruit qu'il revenait un esprit dans le verger ? Vous souvenez-vous que vous me disiez sans cesse de prendre garde à l'esprit, et de ne pas entrer dans ses domaines ? Vous souvenez-vous aussi qu'étant allé dans le verger pour épier cet esprit, et trouvant le petit vacher qui, avec une chemise par-dessus ses habits, abattait des poires, je l'étrillai d'importance ? Eh bien, Clara, je suis encore le même John Mowbray, aussi prêt à braver le danger et à démasquer tout imposteur. Les craintes que vous me montrez ne peuvent que m'exciter à redoubler d'attention pour découvrir l'objet qui les fait naître. Si vous m'exhortez à éviter les querelles, ce ne peut être que parce que vous savez que quelqu'un a probablement dessein de m'en faire une. Vous êtes un peu bizarre et fantasque, Clara, mais vous avez assez de bon sens pour ne pas vous effrayer, et chercher à m'effrayer moi-même sans motif plausible.

Clara protesta encore une fois qu'elle n'avait parlé comme elle venait de le faire, que d'après les craintes que lui inspirait la conduite que son frère avait adoptée en général.

Mowbray l'écouta avec un air de doute ou plutôt d'incrédulité, et quand elle eut cessé de parler : — Que mes conjectures soient justes ou fausses, Clara, lui dit-il, il serait cruel à moi de vous tourmenter davantage en ce moment. Mais rendez plus de justice à votre frère, et croyez que quand vous aurez quelque chose à lui demander, une déclaration franche vous réussira mieux que toute tentative détournée. Renoncez à de tels projets, ma chère Clara ; vous n'avez pas le talent de les exécuter ; mais quand vous seriez le Machiavel de votre sexe, vous ne viendriez pas à bout de découvrir le faible de John Mowbray.

A peine avait-il prononcé ces mots, qu'il sortit de

l'appartement. Sa sœur l'appela deux fois, mais il ne revint pas. Il est vrai que ce fut d'une voix si faible, que peut-être le son n'en arriva pas jusqu'à ses oreilles.

— Le voilà parti ! dit-elle, et je n'ai pas eu le courage de m'expliquer devant lui ! Je suis comme ces êtres infortunés enchaînés, dit-on, par un charme puissant, qui ne leur permet ni de verser des larmes, ni d'avouer leurs crimes. Oui, il y a un charme sur ce malheureux cœur, et il faut que ce charme se rompe, ou que ce cœur se brise.

CHAPITRE XII.

LE CARTEL.

« J'ai sur moi un petit billet que je vous prie de
» trouver bon que je vous remette. C'est un devoir
» que l'amitie m'oblige de remplir, et vous ne de-
» vez pas vous en offenser , car je ne désire que
» justice pour les deux parties. »

Le Roi qui n'est pas roi.

Le lecteur peut facilement se rappeler que Tyrrel
quitta l'hôtel du Renard dans des dispositions moins
amicales à l'égard de la compagnie que celles qu'il y
avait apportées. L'idée qu'il pourrait bien recevoir
quelque message relativement à ce qui s'y était passé se
présenta même à son esprit; mais occupé de réflexions
qui lui paraissaient plus sérieuses et plus importantes,

il n'y pensa pas bien long-temps; et deux jours s'étant
écoulés sans qu'il entendît parler de sir Bingo Binks,
cette affaire sortit entièrement de son souvenir.

Il faut dire que, quoique jamais vieille femme ne se
soit donné plus de peines pour rassembler les cendres
et souffler sur les tisons de son feu presque éteint, que
le capitaine Mac Turk n'eut la bonté d'en prendre
pour faire naître une flamme des étincelles expirantes
du courage de sir Bingo Binks, deux jours se passèrent
en conférences inutiles. Toutes les fois qu'il voulut lui
parler de cette affaire, il le trouva disposé à l'envisager
sous tous les points de vue possibles, excepté celui que
le capitaine regardait comme le seul réel. Tantôt en
humeur sombre, tantôt en humeur de boire, quelquefois en humeur légère, souvent en humeur de jurer,
sir Bingo, en un mot, avait toutes les humeurs du
monde, excepté celle de se battre. Quand Mac Turk
lui parla de ce qu'exigeait l'honneur de la compagnie
qui se trouvait aux eaux, le baronnet feignit de s'emporter, envoya la compagnie au diable; dit qu'il lui faisait assez d'honneur en la favorisant de sa présence,
mais qu'il n'entendait pas la constituer juge de ce qu'il
devait faire; et il finit par déclarer que ce Tyrrel n'é-
tant qu'un homme de rien, il ne voulait rien avoir à dé-
mêler avec lui.

Le capitaine Mac Turk aurait volontiers adopté des
mesures sévères contre le baronnet, comme contre un
contumace; mais M. Winterblossom et d'autres membres du comité s'y opposèrent, parce qu'ils regardaient
sir Bingo comme un membre de leur société trop important et trop illustre pour être légèrement expulsé
d'un lieu qui n'était pas honoré par la présence d'un

grand nombre de personnes d'un rang distingué. Ils
finirent par décider qu'on ne prendrait de parti défi-
nitif dans cette affaire qu'après en avoir conféré avec
Mowbray; mais celui-ci, occupé des préparatifs de sa
fête solennelle, fixée au jeudi suivant, ne parut point
aux eaux de ces deux jours.

Pendant ce temps, le capitaine Mac Turk semblait
éprouver le même accablement d'esprit que si sa propre
réputation, la plus intacte des réputations, avait reçu
quelque tache. Il marchait sur la pointe des pieds, en
faisant à chaque pas un geste de dépit et de mécontentement.
Il levait le nez en l'air, à peu près comme un
pourceau qui sent l'approche d'un orage. Il parlait en
monosyllabes, quand il lui arrivait de parler; et ce qui
selon lui peut-être attestait hautement combien il était
affecté, c'est qu'il refusa d'accepter un verre d'excellente eau-de-vie de Cognac que lui offrait le baronnet.

Enfin, toute la compagnie fut alarmée par la nouvelle qu'apporta un élégant courrier, que le jeune
comte d'Etherington, qu'on supposait s'élever sur l'horizon de la mode comme un astre des plus éclatans, se
proposait de venir passer aux eaux de Saint-Ronan une
heure, un jour, une semaine, car on ne pouvait supposer que Sa Seigneurie connût elle-même son intention.

Cette annonce mit sur-le-champ chacun en mouvement. On ouvrit tous les almanachs pour s'assurer de
l'âge du jeune comte, on se fit des questions sur l'é-
tendue de sa fortune, on parla de son genre de vie, on
chercha à deviner ses goûts, et les membres du comité
d'administration se creusèrent l'esprit pour imaginer
des moyens de recommander leur petit Spa à ce favori

de la mode. On dépêcha un exprès au château des Shaws ; cette agréable nouvelle acheva de décider Mowbray à s'emparer de la fortune de sa sœur. Il ne jugea pourtant pas à propos d'obéir au mandat qui l'appelait aux eaux; car, ne sachant pas encore sous quel point de vue le comte envisagerait les dignes personnages qui s'y trouvaient rassemblés, il ne se souciait pas que Sa Seigneurie le vît en liaison trop intime avec eux.

Sir Bingo Binks était dans une situation toute différente. La bravoure avec laquelle il avait supporté la censure générale commença à lui manquer lorsqu'il songea qu'un homme que l'opinion publique plaçait à un si haut rang le trouverait de fait aux eaux, tandis que, avec la société, il serait censé sur la grande route de Coventry (1), par suite de la faute la plus impardonnable dans les mœurs modernes, — la violation du code de l'honneur. — Quoique lent et irrésolu quand il s'agissait de prendre un parti violent, le baronnet n'était pas précisément un poltron, ou s'il l'était, il était de la classe de ceux qui se battent quand on les pousse à bout. Il envoya bravement chercher Mac Turk. Le capitaine se présenta à lui avec un aspect grave et solennel, qui fit place à une joie radieuse quand sir Bingo l'eut

(1) Dire qu'on enverra quelqu'un à Coventry est un proverbe anglais signifiant qu'on se débarrassera de sa compagnie. On assure que l'origine en vient de ce qu'autrefois un régiment s'étant mal conduit dans une ville où il était en garnison, fut envoyé à Coventry, dont le séjour à cette époque ne plaisait pas aux militaires. Quand dans un régiment un officier s'est rendu coupable de quelque faute qui blesse ses camarades, on le condamne à aller à Coventry ; c'est-à-dire, il est considéré comme absent pendant huit jours, et quand la pénitence est finie, on l'accueille comme s'il venait de Coventry. — Éd.

chargé, en peu de mots, de porter un cartel à ce misérable vagabond d'artiste par qui il avait été insulté trois
jours auparavant.

— De par Dieu! mon bon, mon cher et excellent ami,
s'écria le capitaine, je serai enchanté de vous rendre ce
petit service; et je suis charmé que vous y ayez pensé
de vous-même; car, sans l'intervention de quelques-
uns de nos dignes amis, qui aiment pourtant à mettre
leur fourchette dans le plat des autres, de par Dieu!
je vous aurais demandé moi-même, avec civilité, comment il se faisait que vous veniez dîner avec nous, avec
la boue et l'ordure que la main de M. Tyrrel a laissées
sur le collet de votre habit. Vous m'entendez? mais il
vaut mieux que les choses se passent ainsi, et j'irai
trouver M. Tyrrel avec la rapidité de l'éclair. Il est bien
vrai, voyez-vous, que cette démarche aurait dû se faire
plus tôt, mais je chercherai une excuse pour ce retard;
et, de par Dieu! sir Bingo, il vaut mieux tard que jamais, comme vous savez. Si vous l'avez fait attendre un
peu, vous lui paierez le principal et les intérêts.

A ces mots, il partit sans attendre de réponse; peut-
être dans la crainte que sir Bingo n'ajoutât à la commission dont il venait de le charger quelque proposition de
compromis, mais le baronnet n'y songeait pas. Quand
son ami prit à la hâte sa canne pour s'en aller, il le regarda avec un air sombre et obstiné qui annonçait,
pour nous servir de l'expression du capitaine, la déter-
mination *d'en détacher*; et, quand il le vit fermer la porte,
et qu'il entendit le bruit de son pas accéléré, il siffla
bravement quelques notes de l'air de *Jenny Sutton,* pour
prouver qu'il s'inquiétait peu de quelle manière l'affaire
finirait.

Le capitaine franchissant la distance qui séparait l'hôtel du Renard de l'auberge du vieux village, d'un pas plus vif que ne le comportaient le loisir d'un militaire à demi-paie et sa dignité habituelle, arriva bientôt au milieu des ruines sur lesquelles Meg Dods semblait régner sans rivale. Il frappa à la porte en homme trop habitué à la guerre pour craindre un accueil un peu brusque, et cependant, à l'aspect de Meg, qui se présenta elle-même à la poterne, son expérience militaire lui apprit sur-le-champ que l'entrée de la place lui serait disputée.

— M. Tyrrel est-il chez lui? demanda-t-il.

Meg ne répondit à cette question qu'en lui en adressant une autre.

— Et qui êtes-vous, pour me faire cette question?

Autant pour répondre à cette demande de la manière la plus civile, que par suite de son goût naturel pour la taciturnité, le capitaine présenta à Meg la cinquième partie d'une carte à jouer, un peu jaunie par le tabac, sur le côté blanc de laquelle il avait écrit son nom et sa qualité.

Mais Meg refusa de la recevoir. — Ce n'est pas moi, s'écria-t-elle, qui toucherai à vos cartons à jouer. Le monde n'en va pas mieux depuis que le diable a mis de pareils brimborions à la mode. Est-ce que vous ne pouvez pas me dire comment vous vous appelez? C'est une pauvre langue que celle qui n'ose pas prononcer le nom de son maître.

— Je me nomme Mac Turk, capitaine au 32ᵉ régiment, répondit le capitaine avec un air de dédain.

— Mac Turk? répéta Meg avec une emphase qui porta le propriétaire de ce nom à le répéter à son tour.

— Oui, honnête femme; Mac Turk, Hector Mac Turk. Avez-vous quelque chose à dire contre ce nom?

— Non, vraiment; c'est même un excellent nom pour un païen. Mais, capitaine Mac Turk, puisque vous êtes capitaine, vous pouvez faire un demi-tour à gauche, et vous en retourner d'où vous venez en battant, si vous voulez, la marche des tambours de Dumbarton, car vous ne parlerez ni à M. Tyrrel, ni à personne qui loge chez moi.

— Et pourquoi cela, brave femme? Agissez-vous ainsi de votre propre mouvement, ou exécutez-vous les ordres de M. Tyrrel?

— Peut-être oui, peut-être non. — Mais vous n'avez pas plus de droit de m'appeler brave femme, que je n'en ai de vous appeler brave homme; ce qui est aussi loin de ma pensée que cela le serait de la vérité.

— De par Dieu! cette femme est folle! s'écria le capitaine Mac Turk. Allons, allons, allons, ce n'est pas ainsi qu'on doit traiter un homme comme il faut qui apporte un message d'un homme comme il faut. Rangez-vous de manière que je puisse passer, ou, de par Dieu! je me ferai faire place moi-même.

Et, en parlant ainsi, il prit l'air d'un homme qui voulait forcer le passage. Mais Meg, sans lui répondre, leva en l'air un balai qu'elle tenait à la main, et dont elle faisait un usage plus légitime quand Mac Turk était venu la troubler au milieu des soins de son ménage (1).

— Je sais fort bien quel peut être ce message, capitaine, lui dit-elle en même temps, et je vous connais parfaitement. Vous êtes de ces gens qui prennent les

(1) Sujet de la vignette du titre de ce volume. — Éd.

autres par les oreilles pour les exciter à se battre. Mais vous ne remettrez un message si contraire aux lois de Dieu, ni à M. Tyrrel, ni à personne qui loge chez moi, car je suis une femme qui maintiens la paix de Dieu et du roi dans ma maison.

Et pour mieux expliquer ses intentions pacifiques, elle brandit en l'air son redoutable balai.

Le vétéran se mit en garde, et recula de deux pas en s'écriant : — De par Dieu! cette femme est en délire, ou elle est ivre autant qu'on peut le devenir à l'aide du whiskey. — Mais cette alternative parut si peu satisfaisante à Meg Dods, qu'elle s'élança sur son adversaire, qui continuait à battre en retraite, quoique sans tourner le dos à l'ennemi, et elle commença à faire usage de son arme d'une manière peu agréable.

— Moi ivre! vieux menteur! s'écria-t-elle; moi qui suis à jeun de toute chose, si ce n'est du péché et d'une tasse de thé! — Deux coups de son balai furent comme la parenthèse de sa phrase.

Le capitaine, criant, pestant, jurant, montrait beaucoup de dextérité à parer avec sa canne les coups qui lui étaient portés, et dont pourtant quelques-uns tombaient sur lui. On commençait à faire cercle autour des combattans, et nous ne pouvons dire si la galanterie du capitaine l'aurait emporté long-temps sur la nécessité de se défendre et le désir de se venger; mais le retour de Tyrrel, sorti pour faire une promenade, mit fin au combat.

Meg, qui avait beaucoup de respect pour son hôte, fut presque honteuse de sa violence, et rentra sans bruit, en murmurant assez intelligiblement qu'elle se flattait que son balai avait fait connaissance avec la tête du vieux païen. La tranquillité qui suivit son départ permit à Tyrrel de demander au capitaine, qu'il reconnut sur-le-champ, quelle était la cause de cette querelle singulière, et si c'était à lui que sa visite était destinée.

Le vétéran, encore tout déconcerté, lui répondit qu'il le saurait depuis long-temps, s'il avait des gens honnêtes pour ouvrir sa porte et répondre à une question civile, au lieu d'une folle pire qu'une louve, qu'une ourse, ou que toute autre brute de la création.

Soupçonnant à demi le motif de cette visite, et désirant éviter une publicité inutile, Tyrrel fit entrer le capitaine dans une chambre qui lui servait de salon, et le pria d'excuser son hôtesse, et de lui apprendre le motif qui lui procurait l'honneur de le voir.

— Vous avez raison, mon cher M. Tyrrel, répondit le capitaine en frottant les manches de son habit, en ajustant sa cravate et son jabot, et en tâchant de reprendre le calme et le sang-froid qui convenaient à la mission dont il était chargé. Mais il ne pouvait s'empêcher de faire allusion à chaque instant à la manière dont il avait été reçu. — De par Dieu! si c'eût été un homme, si c'eût été le roi lui-même.... — Quoi qu'il en soit, M. Tyrrel, je suis venu pour vous apporter un message civil, et j'ai été fort incivilement accueilli. — La vieille devrait être mise au pilori; mais qu'elle aille au diable! — Mon ami sir Bingo Binks, M. Tyrrel... — Jamais je n'oublierai son insolence, et s'il y a, à dix milles à la ronde, un constable ou un juge de paix...

— Je vois, capitaine, que vous êtes trop agité en ce moment pour pouvoir m'expliquer le motif auquel je dois l'honneur de votre visite. Voulez-vous passer dans ma chambre à coucher? vous y trouverez de l'eau, un essuie-main, et cela vous donnera le temps de vous calmer un peu.

— Cela est inutile, M. Tyrrel, répondit le capitaine avec un ton d'humeur; je suis calme, très-calme, et je n'ai pas dessein de rester dans cette maison une minute de plus que ne l'exige le message dont je me suis chargé pour mon ami. — Quant à cette Meg Dods...

— Pardon si je vous interromps, capitaine Mac Turk; mais, comme la mission dont vous vous êtes chargé ne peut avoir aucun rapport à cette querelle singulière, à laquelle je reste parfaitement étranger, je...

— Si je ne croyais que vous y êtes étranger, monsieur, vous m'en rendriez raison avant un quart d'heure. Je donnerais volontiers cinq livres sterling au gaillard qui me dirait en ce moment : — Capitaine Mac Turk, cette femme a eu raison.

— Ce ne sera certainement pas moi qui vous le dirai, capitaine, car je ne sais qui a eu tort ou raison; et certainement je suis très-fâché que vous ayez à vous plaindre d'avoir été mal reçu, quand vous veniez ici pour me voir.

— Si vous en êtes fâché, je le suis aussi, et tout est dit. — Quant à ma mission, vous ne pouvez avoir oublié que vous avez traité mon ami sir Bingo Binks avec une incivilité marquée.

— Je ne me rappelle rien de semblable, capitaine; mais je me souviens que l'homme qui porte ce nom s'est permis fort incivilement de prendre des libertés avec moi, en faisant de sottes gageures sur des objets qui ne concernaient que moi, et que, par égard pour le reste de la compagnie, et surtout par respect pour les dames, je lui ai montré beaucoup de patience et de modération.

— Il paraît que vous avez des idées fort justes sur la modération. Croyez-vous en avoir montré beaucoup quand vous l'avez enlevé par le collet de l'habit pour vous faire place, comme si vous aviez pris un petit chien par la peau du cou? Mon bon M. Tyrrel, je puis vous assurer qu'il pense que vous lui avez manqué essentiellement; et il faut que je lui porte de votre part des excuses suffisantes, ou que vous vous voyiez tranquillement face à face, ayant chacun un bon ami avec vous.

— Tel est l'objet de la mission que je venais remplir, quand cette vieille coquine avec son balai, ennemie de tous procédés paisibles et tranquilles...

— Oublions mistress Dods quant à présent, s'il vous plaît, capitaine, et occupons-nous de l'affaire qui vous amène. — Vous me permettrez de vous dire qu'il me semble que cette invitation vient un peu tard. Comme militaire, vous devez être mieux instruit que moi sur ce point; mais j'ai toujours compris que de semblables querelles doivent se vider presqu'à l'instant même où elles ont eu lieu. Ce n'est pas pourtant que j'aie dessein de me refuser aux désirs de sir Bingo à cause du délai qu'il a mis à me les faire connaître.

— J'ose dire que vous n'en ferez rien, M. Tyrrel, j'ose dire que vous n'en ferez rien. De par Dieu! il m'est permis de penser que vous connaissez trop bien ce qu'un homme d'honneur se doit à lui-même. — Quant au délai, voyez-vous, il y a parmi les hommes, en ce monde, différens caractères, comme il y a différentes espèces d'armes à feu. Nous avons des mousquets qui partent en un clin d'œil, aussi vite que la pensée, et, de par Dieu! c'est là le véritable homme d'honneur. Il y a des

fusils, ceux de Birmingham, par exemple, qui tantôt
partent tandis que le chien est encore sur son repos, et
tantôt brûlent l'amorce dans le bassinet sans que le
coup parte, de même que les gens qui prennent une affaire tantôt trop tôt, tantôt trop tard. Enfin, il y en a
qui font long feu, comme ces vieilles arquebuses dont
ces vilains moricauds se servent encore dans les Indes
orientales. Quant à celles-ci, il faut le temps d'allumer
la mèche et de mettre le feu à la poudre; mais le coup
n'en part pas moins.

— D'où je dois conclure probablement que la valeur
de votre ami sir Bingo est de cette dernière espèce. J'aurais cru qu'elle ressemblait plutôt à ces petits canons
dont s'amusent les enfans, qu'ils tirent par le moyen
d'une traînée, et qui, après tout, ne sont que des
joujoux.

— Je ne puis vous permettre de telles comparaisons,
monsieur. Vous devez comprendre que je viens ici
comme ami de sir Bingo. Une réflexion qui lui serait in-
jurieuse serait un affront pour moi.

— Je désavoue toute intention de vous offenser, capitaine. Je n'ai pas envie d'augmenter le nombre de mes
ennemis, et encore moins de compter parmi eux un
brave officier comme vous.

— Vous êtes trop obligeant, monsieur, répondit Mac
Turk en se redressant avec dignité; et, de par Dieu!
vous vous exprimez avec grace. — Eh bien, monsieur,
n'aurai-je pas le plaisir de porter à sir Bingo quelques
mots d'explication de votre part? Je vous assure que je
serais charmé que cette affaire pût s'arranger honorablement.

— Je n'ai aucune explication à donner à sir Bingo,

capitaine. Je crois l'avoir traité plus honnêtement que ne le méritait son impertinence.

— Och! och! s'écria Mac Turk avec un accent montagnard fortement prononcé; ainsi donc nous n'avons plus rien à dire. Il ne nous reste qu'à convenir du temps et du lieu. — Les armes seront des pistolets, je suppose.

— Cela m'est indifférent. La seule chose que je désire, c'est que l'affaire se vide le plus promptement possible; aujourd'hui, à une heure, si vous le trouvez bon. Voulez-vous m'indiquer le lieu?

— Sir Bingo vous attendra à une heure à l'endroit nommé Buckstane; car, comme toute la compagnie va manger un plat de poisson au bord de l'eau, il n'y aura pas de risque d'interruption. Et à qui, mon cher ami, aurai-je l'honneur de m'adresser comme devant vous servir de second?

— En vérité, capitaine, la question est embarrassante. Je ne connais personne dans les environs. Je ne sais trop si vous pourriez agir pour les deux partis?

— Impossible, mon bon ami, absolument, totalement impossible. Mais, si vous voulez vous en fier à moi, je vous amènerai de l'hôtel un ami qui, quand même vous ne l'auriez jamais vu, arrangera les choses à votre satisfaction, comme si vous étiez intimement liés depuis vingt ans. Et de plus j'amènerai notre docteur, si je puis le détacher du jupon de la grosse veuve Blower, auquel il semble comme enchaîné.

— Je ne doute pas que vous ne fassiez tout ce qui sera convenable, capitaine. Ainsi donc, à une heure nous nous trouverons à Buckstane. Un instant, permettez que je vous reconduise.

— Eh de par Dieu! cela ne sera pas tout-à-fait in-

utile, car la femme au balai pourrait prendre avantage
de l'obscurité qui règne dans ce long passage, connaissant le terrain mieux que moi. De par Dieu! elle me le
paiera, s'il y a un pilori dans la paroisse, et de la justice dans le pays.

A ces mots le capitaine se mit en marche, agité de
temps en temps par le souvenir de l'injuste agression de
Meg Dods, mais reprenant une heureuse sérénité en
songeant à l'arrangement agréable qu'il venait de conclure entre son ami sir Bingo Binks et M. Tyrrel.

Nous avons entendu parler de gens dont le caractère
doux et bienveillant ne pouvait être révoqué en doute,
et dont le plus grand plaisir était de voir un misérable,
dégradé par ses vices autant que par la sentence rendue contre lui, terminer une vie criminelle par une
mort pénible et ignominieuse. C'était par suite d'une
semblable inconséquence de caractère que le capitaine
Mac Turk, qui avait réellement été un officier distingué, et qui était un homme plein d'honneur, faisait
toutes ses délices de traîner ses amis par les oreilles à
de dangereuses rencontres, et à y jouer le rôle d'arbitre : ce qui, suivant l'idée qu'il se formait du code de
l'honneur, était indispensable pour rétablir la paix et la
cordialité. Nous laissons aux travaux des craniologistes
l'explication de pareils phénomènes, car ils semblent
défier toutes les recherches de la philosophie morale.

CHAPITRE XIII.

————

DÉSAPPOINTEMENT.

EVANS. « Je vous prie, bon serviteur de M. Slender,
» mon ami Simple, pour vous appeler par
» votre nom, de quel côté avez-vous cherché
» M. Caïus ?
SIMPLE. » Morbleu ! monsieur, je l'ai cherché du côté
» de la cité et du parc, du côté de Windsor,
» de tous les côtés. »

SHAKSPEARE, *Les joyeuses femmes de Windsor.*

SIR Bingo Binks écouta la relation que lui fit le capitaine de la manière dont il avait exécuté sa mission,
avec le même air sombre qu'il avait eu en la lui donnant. Un disgracieux *humph !* semblant sortir du fond
de sa poitrine à travers les plis nombreux d'une cravate
à la Belcher (1), fut la seule réponse qu'il lui fit, d'un

(1) Fameux boxeur. — TR.

ton à peu près aussi agréable que celui avec lequel le
voyageur fatigué et endormi répond au garçon d'auberge qui vient l'avertir que cinq heures vont sonner
et que la diligence va partir.

Le capitaine Mac Turk ne trouva pas que cette in-
terjection exprimât convenablement la reconnaissance
que devaient inspirer à son ami le service qu'il lui avait
rendu et les peines qu'il s'était données. — *Humph!* ré-
péta-t-il; et que signifie cela, sir Bingo? N'ai-je pas
pris tout l'embarras possible pour vous mettre sur la
bonne route? Auriez-vous pu vous tirer honorablement
de cette affaire, après l'avoir laissée dormir si long-
temps, si je n'avais fait avaler la pilule à votre adversaire, en lui servant un plat de mon métier apprêté
avec tout le soin que pourrait employer un cuisinier
français s'il voulait faire passer une pièce de gibier un
peu trop faisandée?

Sir Bingo vit qu'il ne pouvait se dispenser de murmurer les mots de reconnaissance et de satisfaction;
et, quoiqu'il les eût articulés d'un ton presque inintel-
ligible, le vétéran s'en contenta, car l'arrangement
d'un duel était pour lui une œuvre de prédilection; et se
rappelant la promesse qu'il avait faite à Tyrrel, il quitta
le baronnet, avec le même empressement que s'il s'était
agi d'aller faire l'action la plus charitable du monde,
pour assurer à l'étranger l'assistance d'un second.

C'était M. Winterblossom que Mac Turk avait désigné *in petto* comme l'individu le plus propre à se
charger de cet acte de bienveillance, et il ne perdit
pas un instant pour aller lui communiquer ses intentions. Mais le digne M. Winterblossom, quoique homme
du monde, quoique connaissant parfaitement les formes

d'usage en pareilles affaires, n'en était point partisan
aussi prononcé que l'homme de paix, le capitaine Mac
Turk. En sa qualité de bon vivant, et même un peu
égoïste, il n'aimait les embarras d'aucune espèce, et il
avait assez de bon sens pour prévoir qu'une pareille
rencontre pouvait en occasioner beaucoup à tous ceux
qui s'y trouveraient compromis. Il lui répondit donc
avec beaucoup de froideur qu'il ne connaissait nullement M. Tyrrel, qu'il ne savait même pas qui il était ;
que d'ailleurs il n'avait reçu de lui aucune demande
directe et régulière à ce sujet, et que par conséquent
il n'avait aucune envie d'aller figurer comme son second.

Ce refus mit au désespoir le pauvre capitaine. Il
conjura son ami de montrer plus d'esprit public, et le
supplia d'avoir quelque égard pour l'honneur des eaux
de Saint-Ronan, qu'ils devaient tous regarder comme
leur patrie commune, et de songer à la réputation de
la compagnie dont ils faisaient tous deux partie, et dont
M. Winterblossom était en quelque sorte le représentant, puisqu'il en avait été élu président perpétuel,
d'un consentement unanime. Il lui rappela combien de
querelles avaient eu lieu dans la soirée, et avaient été
oubliées le lendemain matin, sans avoir produit aucune
des suites auxquelles on devait naturellement s'attendre ;
ce qui faisait tenir des propos fort étranges dans la
société. — Quant à moi, ajouta-t-il, j'y trouve mon
honneur tellement intéressé, que je commençais à
croire que je serais obligé d'avoir une querelle, n'importe avec qui, pour l'honneur de la société. Et maintenant que la plus belle occasion se présente pour
mettre les eaux de Saint-Ronan sur un pied respectable,

ne serait-il pas dur, ne serait-il pas cruel, pourriez-vous vous justifier, M. Winterblossom, de refuser l'acte de complaisance que je vous demande?

Quelque taciturne que fût ordinairement le capitaine, son éloquence, habituellement sèche, parut presque pathétique en cette occasion, car les larmes lui vinrent aux yeux quand il fit l'énumération[1] des diverses querelles qui avaient été étouffées, malgré les soins qu'il avait pris pour en faire éclore quelque affaire d'honneur. Et maintenant qu'il s'en trouvait une qui voulait sortir de la coquille, fallait-il aussi l'étrangler, faute d'une si légère concession de la part de M. Winterblossom?

Enfin le digne président ne put résister davantage à ses instances. — C'est une sotte affaire, dit-il, mais pour obliger sir Bingo et le capitaine Mac Turk, je ne refuse pas d'aller me promener avec eux jusqu'à Buckstane, vers une heure. Et cependant le temps est couvert, et j'éprouve à l'orteil certaine sensation qui m'annonce une visite de mon ancienne connaissance, la goutte.

— N'y faites pas attention, mon excellent ami, dit Mac Turk; un coup du flacon de sir Bingo suffira pour la mettre en fuite; et de par Dieu! ou je le connais mal, ou c'est une arme dont il n'oubliera pas de se munir en cette occasion.

— Mais, quoique je consente à vous accompagner à Buckstane, capitaine, je vous déclare que je n'entends nullement me charger de prendre fait et cause pour ce M. Tyrrel, que je ne connais ni d'Adam ni d'Ève. Je n'y vais que dans l'espoir de prévenir quelque malheur.

— Ne vous inquiétez de rien, M. Winterblossom; un petit malheur, comme vous l'appelez, est indispensable pour notre honneur à tous. D'ailleurs quelles que soient les conséquences de cette rencontre, elles ne peuvent être bien fâcheuses, car voilà un jeune homme que personne ne regrettera s'il arrive malheur, puisqu'il n'est connu de personne; et voici sir Bingo qu'on regretterait encore moins, attendu que tout le monde le connaît.

— Et il y aura aussi en ce cas lady Bingo qui deviendra une riche veuve, dit Winterblossom en plaçant son chapeau sur sa tête avec toute la grace de ses jeunes années; et il ne put retenir un soupir quand il vit dans une glace que le temps, qui avait blanchi ses cheveux, favorisé son embonpoint, sillonné son front de rides, et voûté ses épaules, ne lui permettait plus de concourir pour un tel prix.

Assuré de la présence de Winterblossom, le capitaine songea ensuite à se rendre certain de celle du docteur Quackleben, qui, malgré ses initiales M. D. (1), qu'il ajoutait à son nom, ne refusait jamais les rares et heureuses occasions de gagner quelque argent comme chirurgien. Or, dans celle-ci il ne pouvait manquer d'être bien payé, un riche baronnet figurant dans cette affaire comme partie principale. Semblable à l'aigle qui sent le carnage, le docteur, au premier mot, saisit sa boîte d'instrumens de chirurgie, qui avait la forme d'un gros volume in-folio relié en maroquin, et les arrangea avec ostentation devant le capitaine, faisant en même temps une dissertation savante, par forme de commentaire, sur chacun de ces instrumens aussi brillans que formidables.

(1) *M. D. Medicinæ Doctor* Les docteurs français mettent *D.-M.*
Éd.

Le capitaine crut devoir l'interrompre pour lui donner un conseil de prudence.

— Och! och! docteur, lui dit-il, renfermez tous ces instrumens, et cachez cette caisse dans votre poche ou sous votre habit. Ne vous avisez pas de l'ouvrir devant les parties, ni même de la laisser voir. Tenez-la hors de vue. Quoique des scalpels, des pinces, des scies, des tourniquets, soient des instrumens très-ingénieux et fort agréables à voir, et qu'ils soient fort utiles quand on a besoin de les employer, la vue en suffit quelquefois pour faire évanouir tout le courage d'un homme et faire perdre à leur maître le profit d'une bonne opération, docteur Quackleben.

— Sur ma foi, capitaine Mac Turk, vous parlez comme si vous étiez gradué dans une université. Il n'est que trop vrai que ces traîtres d'instrumens jouent quelquefois à leur maître un mauvais tour. La vue seule de mes forceps suffit un jour pour guérir un mal de dent qui avait duré trois jours et trois nuits; prévint l'extraction d'une molaire cariée qu'il était de leur devoir de tirer, et me renvoya chez moi avec une guinée de moins dans ma poche. Mais je les mettrai en embuscade sous cette grande redingote, capitaine, jusqu'à ce que le moment arrive de s'en servir. Oh! il y aura du sang répandu. Sir Bingo n'a jamais manqué une bécasse.

— Cela est possible, docteur; mais j'ai vu le pistolet trembler dans plus d'une main qui était assez ferme en tenant un fusil de chasse. Ce jeune Tyrrel n'a pas l'air d'un mauvais marchand. Je l'ai examiné de près pendant que je m'acquittais de mon message, et de par Dieu! je vous garantis qu'il est ferme jusqu'à l'épine du dos.

— Eh bien, eh bien! je préparerai mes bandages *secundùm artem*. Il faut prendre garde à l'hémorrhagie, car sir Bingo est un sujet pléthorique. A une heure, dites-vous? à Buckstane? Je serai ponctuel.

— N'y viendrez-vous donc pas avec nous? s'écria le capitaine, qui semblait désirer de rassembler autour de lui tout son monde, comme une poule qui craint que quelqu'un de ses poussins ne s'échappe de dessous ses ailes.

— Non, répondit le docteur; il faut d'abord que j'aille faire mes excuses à la digne mistress Blower; car je lui avais promis de lui donner le bras pour se rendre au bord de la rivière, où vous savez qu'ils vont tous manger un plat de poisson.

— Et de par Dieu! j'espère que nous leur servirons un plat comme on n'en a pas encore vu à Saint-Ronan, répliqua le capitaine en se frottant les mains.

— Ne dites pas *nous*, capitaine, dit le prudent docteur; quant à moi je ne suis pour rien dans ce duel, je m'en lave les mains; je n'ai pas envie qu'on me prenne à partie comme complice; non, non. Vous m'engagez à me trouver à Buckstane, j'ignore pourquoi; mais je suis toujours disposé à obliger mon digne ami le capitaine Mac Turk. Je vais me promener de ce côté sans penser à rien. J'entends le bruit d'une arme à feu : j'y cours sur-le-champ, c'est tout naturel. J'arrive justement à temps pour prévenir de plus fatales conséquences, parce que heureusement j'ai sur moi ma boîte d'instrumens; c'est mon habitude; rarement je sors sans les emporter, *numquam non paratus*. Je donne alors une description technique de la blessure et de l'état du blessé. Voilà, capitaine, voilà comme on doit rendre compte

de ces sortes d'aventures devant les shériffs, les coro-
ners, les constables. Ne jamais se compromettre, c'est
la règle de notre profession.

— Vous savez ce que vous avez à faire, docteur, et
pourvu que vous soyez sur le champ de bataille, pour
donner des secours à qui de droit, en cas d'accident,
toutes les lois de l'honneur seront suivies. Mais on aurait des reproches à me faire si je ne prenais pas les
mesures convenables pour qu'il se trouve quelqu'un en
tiers entre la mort et celle des deux parties qui pourra
être blessée.

A une heure après midi, le capitaine Mac Turk arriva au rendez-vous indiqué, tenant par le bras le valeureux sir Bingo. Ce brave s'avançait, non pas tout-à-fait
avec la vivacité d'un lévrier en laisse, qui sent la trace
du lièvre, mais avec l'air grondeur d'un boule-dogue
qu'un boucher tient attaché à une courroie, et qui sait
qu'il faudra se battre quand ce sera le bon plaisir de
son maître. Cependant le baronnet ne montrait ni dé-
couragement ni crainte, si ce n'est que *l'air de Jenny
Sutton*, qu'il avait sifflé sans interruption depuis son
départ de l'hôtel, avait cessé de se faire entendre pendant le dernier demi-mille de leur promenade. Et cependant, à en juger par la moue qu'il faisait, on aurait
pu croire que les notes en étaient encore présentes à
son esprit, et que son imagination sifflait encore *Jenny
Sutton*. M. Winterblossom arriva deux minutes après
cet heureux couple, et le docteur ne fut pas moins
exact.

— Sur mon ame, sir Bingo, dit le président, tout
ceci est une fort sotte affaire, et je crois qu'il aurait été
bien facile de l'arranger sans que les parties courussent

le risque de cette rencontre. Vous devez faire attention que vous êtes un homme marié, sir Bingo, vous avez bien des raisons pour tenir à la vie.

Sir Bingo roulait dans sa bouche une feuille de tabac, qu'il en rejeta précisément comme aurait pu le faire un cocher de fiacre.

— M. Winterblossom, dit Mac Turk, sir Bingo a mis cette affaire entre mes mains; et à moins que vous ne vous jugiez plus en état que moi de la diriger, je dois vous dire franchement que votre intervention ne m'est nullement agréable. Vous pouvez parler à votre ami tant qu'il vous plaira; et, s'il vous autorise à nous faire des propositions, je serai disposé à les écouter pour mon digne ami, sir Bingo. Mais, de par Dieu! je vous dirai franchement que je n'aime pas les arrange-mens faits en champ-clos, quoique je me flatte d'être un homme paisible. Au surplus, c'est à notre honneur qu'il faut songer avant tout, dans cette circonstance; c'est pourquoi j'insiste pour que toute proposition d'ac-commodement vienne de votre ami.

— De mon ami! s'écria Winterblossom. Mais en vé-rité, capitaine Mac Turk, quoique j'aie consenti à venir ici pour vous obliger, je vous déclare qu'il faut que je voie un peu plus clair dans cette affaire avant de me décider à servir de second à un homme que je n'ai vu qu'une seule fois.

— Et que vous ne reverrez peut-être jamais, dit le docteur en regardant à sa montre; car il est une heure dix minutes, et M. Tyrrel ne paraît pas.

— Que dites-vous, docteur? s'écria le baronnet, qui parut sortir de son apathie.

— Des sottises, répondit le capitaine en tirant une

grosse et vieille montre d'argent en forme de navet. Il
n'est qu'une heure trois minutes, au temps vrai; et, de
par Dieu! je soutiendrai que M. Tyrrel est homme de
parole. Jamais je n'ai vu personne recevoir un message
avec plus de sang-froid.

— Probablement avec le même sang-froid qu'il se
promène en venant ici, répliqua le docteur; car il est
l'heure que je viens de vous annoncer. N'oubliez pas
quelle est ma profession. J'ai à compter les pulsations
de l'artère par secondes et demi-secondes. Ma montre
est aussi sûre que le soleil.

— Et moi, dit le capitaine, j'ai mille fois consulté la
mienne pour l'instant de monter ma garde, et, de par
Dieu! je défie le diable de dire qu'Hector Mac Turk ait
manqué une seule fois à son devoir de la vingtième
partie d'une fraction de seconde. Elle a appartenu à ma
bisaïeule, lady Killbracklin, et j'en soutiendrai la réputation contre toute montre, pendule et machine marchant à roues et ressorts.

— Et bien donc, consultez votre montre, capitaine,
dit M. Winterblossom, car, tandis que nous discou-
rons ainsi, le temps, qui n'attend personne, continue à
s'écouler. Sur ma parole, je crois que ce M. Tyrrel a
dessein de se jouer de nous.

— Hem? que dites-vous? demanda le baronnet sortant une seconde fois de sa sombre rêverie.

— Je ne consulterai pas ma montre pour une telle
affaire, répondit Mac Turk. Je ne suis nullement disposé à douter de l'honneur de votre ami, M. Winterblossom.

— Je vous dis encore une fois, capitaine, s'écria le
président, que ce M. Tyrrel n'est pas mon ami, pas le

moins du monde. Il est le vôtre, capitaine Mac Turk ;
et j'avoue que, s'il nous fait attendre de la sorte encore
long-temps, je regarderai son amitié comme très-peu
désirable.

— Et comment donc osez-vous dire qu'il soit mon
ami? demanda Mac Turk en fronçant les sourcils de
l'air le plus formidable.

— Allons, allons, capitaine! dit Winterblossom avec
un ton de froideur, sinon de mépris, gardez ces grands
airs pour des enfans. J'ai vécu trop long-temps dans le
monde pour provoquer des querelles ou pour les craindre. Réservez donc votre feu; c'est coup perdu que de
tirer sur un vieux coq comme moi. Mais je voudrais
réellement savoir si ce drôle a intention de venir. Une
heure vingt minutes! En vérité, sir Bingo, je crois
qu'il s'amuse à vous faire planter le piquet.

— Hem! planter le piquet! s'écria sir Bingo. Sans
doute, je l'avais toujours pensé. De par le ciel! j'avais
gagé avec Mowbray que ce n'était qu'un homme de
rien. Je suis fait, rien n'est plus clair. Mais, de par le
ciel! fût-il maréchal des camps, je ne l'attendrai pas
plus de la demi-heure.

— Vous vous laisserez diriger, à cet égard, par votre
ami, sir Bingo, dit le capitaine.

— Du diable si j'en fais rien, répliqua le baronnet.
Mon ami! bel ami, qui m'amène ici pour jouer le rôle
d'un sot. Je connaissais le pèlerin. Mais vous, avec toutes
vos grandes phrases d'honneur, je ne vous aurais jamais
cru un oison assez simple pour m'apporter un message
de la part d'un vagabond qui a lâché le pied.

— Si vous regrettez tant d'être venu ici inutilement,
dit le capitaine en élevant la voix, et si vous croyez que

je me sois conduit en oison, comme vous le dites, je suis tout disposé à prendre la place de M. Tyrrel, et à vous faire face, sir Bingo Binks.

— Et pour peu que cela vous plaise, s'écria le baronnet, je ne reculerai pas. Je vais jeter en l'air une couronne pour voir qui tirera le premier ; car je n'entends pas avoir été amené ici pour rien. Non, Dieu me damne, je ne l'entends pas.

— Et il n'existe personne qui soit plus disposé à administrer un calmant à votre colère, répondit l'irascible montagnard.

— Fi donc, messieurs, fi, fi! s'écria le pacifique Winterblossom ; sir Bingo, avez-vous perdu l'esprit? capitaine Mac Turk, c'est une honte ! Songez donc que vous servez ici de second au baronnet ; jamais on n'a vu de chose semblable.

Cette remontrance fit faire quelques réflexions aux deux nouveaux antagonistes, et leur rendit un peu de sang-froid. Cependant ils continuèrent quelque temps à se promener à distances inégales sur deux lignes parallèles, se jetant un regard sombre chaque fois qu'ils passaient l'un devant l'autre, montrant les dents comme deux chiens qui ont envie de se quereller, mais qui ne sont pas encore décidés à commencer les hostilités. Pendant cette promenade, la taille droite et perpendiculaire du capitaine contrastait fortement avec la démarche lourde et gauche du gros baronnet, qui, à force d'étude et de patience, était presque parvenu à se donner la plus désirable de toutes les tournures, celle d'un palefrenier du comté d'York. Son esprit grossier était alors enflammé d'un véritable courroux, et de même que le fer et les autres métaux de bas aloi, lents à recevoir la chaleur, il gardait le ressentiment qui l'animait, en proportion du temps dont il avait eu besoin pour le concevoir, et il était prêt à le faire tomber sur le premier individu qui se présenterait à lui, à défaut de celui qui manquait au rendez-vous. Comme il l'aurait dit lui-même, sa crinière était hérissée, et se trouvant en humeur de se battre il pensait que c'était dommage qu'un si bel accès de courage n'aboutît à rien. Comme ce courage pourtant partait d'un fond de mauvaise humeur, et qu'il ne voyait dans la contenance du capitaine rien qui annonçât la crainte de sa colère, ni une ombre de déférence, il commença à donner plus d'attention aux argumens de M. Winterblossom, qui les suppliait tour à tour de ne pas souiller par une querelle particulière l'honneur qu'ils venaient d'acquérir si heureusement sans courir aucun risque, et sans qu'il y eût de sang répandu.

— L'heure fixée par cet individu qui se donne le nom de Tyrrel, disait le digne président, est maintenant passée depuis trois quarts d'heure. Je propose donc qu'au lieu de consumer ici le temps à nous quereller, ce qui ne mène à rien, nous mettions par écrit toutes les circonstances de cette affaire, pour la satisfaction de tous nos amis, et que ce *memorandum* soit régulièrement certifié par toutes nos signatures. Après quoi je proposerai humblement qu'il soit soumis à la révision du comité d'administration.

— Je m'oppose formellement, dit le capitaine, à ce qu'un écrit auquel j'aurai apposé ma signature soit soumis à la révision de qui que ce soit.

— Fort bien, capitaine, à la bonne heure, répondit le complaisant Winterblossom, vous êtes incontesta-

blement en état d'en juger, et votre signature est complètement suffisante pour rendre authentique notre
exposé. Mais, comme il est très-important que tout ce
qui s'est passé depuis l'établissement des eaux de Saint-
Ronan soit légalement constaté, je propose que nous
signions tous ce procès-verbal, comme je puis l'appeler.

— Ne me comprenez pas dans le nombre des signa-
taires, dit le docteur, médiocrement satisfait que la
querelle et celle qui en avait été la suite par incident
se fussent terminées sans qu'on eût besoin des secours
d'un Machaon; ne m'y comprenez pas, s'il vous plaît;
car il ne me convient pas de prendre part ostensible-
ment à ce qui s'est passé ici, puisque le but direct en
était la violation de la paix publique. Quant à l'importance que vous attachez à avoir attendu ici pendant
une heure ou environ, par un temps superbe, je crois
qu'un service beaucoup plus essentiel a été rendu aux
eaux de Saint-Ronan, quand moi, Quentin Quackleben,
M. D., j'ai guéri lady Pénélope Penfeather de sa septième attaque de nerfs, accompagnée de symptômes fé-
briles.

— Je n'entends parler de vos talens qu'avec respect,
docteur, dit M. Winterblossom, mais je crois que la
leçon que ce jeune drôle vient de recevoir servira de
reste à empêcher des intrigans et des aventuriers de se
présenter désormais aux eaux de Saint-Ronan. Quant à
moi, je ferai la motion que personne ne soit à l'avenir
invité à y dîner, sans avoir été préalablement agréé
comme membre de la compagnie, et sans que son nom
ait été inscrit sur la liste. Et j'espère que sir Bingo et
le capitaine Mac Turk recevront les remerciemens de
toute la société, pour leur conduite honorable, et dont

le résultat a été l'expulsion de cet intrus. Sir Bingo,
voulez-vous me permettre d'avoir recours à votre flacon? Je sens à l'orteil quelques élancemens causés par
l'humidité du gazon.

Sir Bingo, flatté de l'importance qu'il venait d'acquérir, lui offrit sur-le-champ son flacon, rempli d'un
cordial probablement préparé par quelque adroit chi-
miste des environs de Glenlivat (1). En versant ensuite
un second verre, il le présenta à Mac Turk, en signe
non équivoque de réconciliation. Le parfum ne s'en
fut pas plus tôt élevé jusqu'au nez du vétéran, que la
précieuse liqueur descendit dans son gosier, et il ne
tarda pas à exprimer sa satisfaction.

—Je ne désespère plus des jeunes gens d'aujourd'hui,
dit-il, puisqu'ils commencent à abandonner leurs eaux
distillées de France et de Hollande, pour s'en tenir au
nectar de nos montagnes. De par Dieu! c'est la seule
liqueur qu'il convienne à un homme comme il faut de
boire le matin, s'il peut avoir la bonne fortune d'en
trouver.

— Et même après le diner, capitaine, dit le docteur,
à qui le verre venait de passer à son tour. Elle vaut en
saveur tous les vins de France, et elle est plus bienfaisante pour le système du corps humain.

— Et maintenant, dit le capitaine, afin de ne pas
quitter le terrain en emportant sur la conscience quelque chose qui ne vaut pas le whiskey, je puis dire, attendu que la réputation du capitaine Hector Mac Turk
est passablement établie, que je suis fâché du petit dif-
férend élevé entre mon digne ami sir Bingo et moi.

(1) C'est-à-dire de l'eau-de-vie de grains distillée en fraude dans
les montagnes. — Tr.

20.

— Et, puisque vous avez tant de civilité, capitaine, dit le baronnet, ma foi! j'en suis fâché aussi. — Mais c'est que le diable perdrait patience à l'idée de n'avoir pu profiter d'un si beau jour pour la pêche. Le vent au sud, un léger courant d'air sur la rivière, l'heure de la marée passée, l'eau précisément comme on peut la désirer, j'aurais amorcé six fois ma ligne depuis que nous sommes ici.

Il termina cette lamentation par une libation copieuse du même cordial dont il avait fait part à ses compagnons, et ils retournèrent en corps à l'hôtel, où les événemens de la matinée furent bientôt après annoncés à la compagnie par le programme suivant :

EXPOSÉ.

« Sir Bingo Binks, baronnet, s'étant trouvé blessé de la conduite incivile d'un individu se nommant Frank Tyrrel, actuellement ou il y a peu de temps logé à l'auberge du *Croc*, dans le vieux village de Saint-Ronan, et ayant donné pouvoir au capitaine Hector Mac Turk de se rendre près dudit Frank Tyrrel pour lui demander une apologie de sa conduite, avec l'alternative d'une satisfaction personnelle, conformément aux lois de l'honneur, et à l'usage des gens comme il faut ; ledit Tyrrel s'est volontairement engagé à se rencontrer avec ledit sir Bingo Binks, baronnet, à l'endroit nommé Buckstane, près du ruisseau de Saint-Ronan, aujourd'hui mercredi — août 18 —, à une heure après midi. En conséquence duquel rendez-vous, nous, soussignés, nous nous sommes rendus au lieu désigné, à l'heure convenue, et nous y sommes restés jusqu'à deux heures sans y voir ledit Frank Tyrrel, ni personne de sa part, et sans en recevoir aucune nouvelle. Lequel fait nous faisons ainsi connaître publiquement, afin que tout et un chacun, et notamment la compagnie distinguée réunie à l'hôtel du Renard, puissent apprécier la conduite dudit Tyrrel, dans le cas où il aurait de nouveau la présomption de se montrer dans la société de gens d'honneur.

« Fait à l'hôtel du Renard aux eaux de Saint-Ronan, le — août 18 —.

« *Signés*, BINGO BINKS, HECTOR MAC TURK, PHILIPPE WINTERBLOSSOM. »

Un peu plus bas, on lisait l'attestation séparée qui suit :

« Moi, Quentin Quackleben, docteur en médecine, membre de la Société royale, etc., etc., étant invité à déclarer ce qui est à ma connaissance dans la susdite affaire, certifie par ces présentes, que me trouvant par hasard, aujourd'hui à une heure, à Buckstane, et y étant resté près d'une heure à converser avec sir Bingo Binks, le capitaine Mac Turk et M. Winterblossom, nous n'avons pas vu, pendant tout ce temps, l'individu se nommant Frank Tyrrel, dont ils semblaient attendre la présence en cet endroit, et nous n'avons nullement entendu parler de lui. »

Ce certificat, portant la même date que le premier, était revêtu de la signature auguste de Quentin Quackleben, M. D..., etc., etc.

On afficha aussi une délibération du comité d'administration, ou si l'on veut, un acte du corps législatif

de Saint-Ronan, portant : — Qu'attendu qu'un individu, qui n'était pas fait pour s'y montrer, avait été
introduit récemment dans la compagnie assemblée aux
eaux de Saint-Ronan, personne à l'avenir ne serait
invité aux dîners, aux bals et aux autres plaisirs de la
société, avant que son nom eût été régulièrement inscrit sur le registre tenu à cet effet. — Enfin il y eut un
vote de remerciemens à sir Bingo Binks et au capitaine
Mac Turk, pour leur honorable conduite et pour les
peines qu'ils avaient prises pour bannir de la société
rassemblée aux eaux de Saint-Ronan un individu nullement digne d'en faire partie.

Ces différentes pièces, affichées dans la salle où la
société se rassemblait, devinrent bientôt une pierre
d'aimant qui attira tous les oisifs, et l'on se pressa autour d'elles pour les lire. Nous n'en finirions pas si
nous voulions rapporter tous les — Ah! mon Dieu!
Juste Ciel! Vit-on jamais pareille chose! des graves
douairières; — les — Oh là! Voyez-vous, ma chère?
des miss babillardes, et les juremens multipliés des
fats en pantalons et en culottes de peau. La réputation
de sir Bingo Binks éprouva une hausse semblable à
celle des fonds publics après la nouvelle d'une victoire
remportée par le duc de Wellington; et, ce qui est encore plus extraordinaire, il obtint même quelque importance aux yeux de sa femme. Chacun secouait la
tête au souvenir du malheureux Tyrrel, et trouvait
dans son ton et dans ses manières des preuves qu'il
n'était pas autre chose qu'un aventurier et un chevalier d'industrie. Cependant quelques personnes, moins
favorablement disposées pour le comité d'administration, car partout où il y a un gouvernement il se

trouve bientôt une opposition, se disaient tout bas
que, pour rendre justice à ce jeune inconnu, quel
qu'il pût être, il fallait convenir que, de même que le
diable, il ne s'était montré que lorsqu'on l'avait appelé.
Et l'honnête mistress Blower, en apprenant combien
il s'en était peu fallu que le sang n'eût coulé, se félicita
et remercia le ciel de ce qu'au milieu de tant d'extra-
vagances il n'était arrivé aucun mal au brave docteur
Kirckherben.

Lightning Source UK Ltd.
Milton Keynes UK
UKHW02f1005201117
313027UK00006B/478/P